ピーター・ドラッカー
――「マネジメントの父」の実像

井坂康志
Yasushi Isaka

Eurus
Notus
Boreas
Zephyrus

岩波新書
2045

書き物をする晩年のドラッカー(The Drucker Institute at Claremont Graduate University 提供)

はしがき

ビジネスや経営の世界では誰もが知っているのに、その人物像においていまだ謎の多いのがピーター・ドラッカーである。二〇〇五年に没してからも、ドラッカーのことは十分知っている、もう古いと言う人が、時に戸惑うのはそこである。

産業界や学界が取り上げてきたのは、ほぼ「マネジメントのドラッカー」だったと言ってよい。しかし、彼の内面に一歩踏み込むと、経営論は表の顔に過ぎず、裏側には哲学、文学、芸術、全体主義批判の支えがあり、それは一つの「問い」の体系と言ってよい構成をとっていたことがわかってくる。彼自身の実人生と「問い」の体系は精密にリンクし、長年培われた知的土壌が彼の発言を支えていたこともわかる。

ドラッカーの生涯は、大きく前半と後半に分けて見ることができる。

前半は、マネジメントの探求に至る、少年から壮年期にかけての時期である。マネジメントの前史には時代との格闘や試行錯誤があり、それらが後の彼の内面史・生活史にまで色濃く影を落としている。本文で見るように、ドロップアウトした少年時代の彼は、孤独なアウトサイダーだった。遍歴の中でナチスの迫害を受け、アメリカへの亡命をきっかけにヨーロッパ時代の暗い思い出を振り切って前に進むことができた。彼は産業社会に関与する覚悟を決め、六〇歳前後までひたすらに企業組織の研究を行った。その知識を深めない限り、過去と対決できないと考えたためである。これは、世界的名声を獲得したプロセスとほぼ同一線上にある。

老いを迎えた後半では、期待をかけた産業社会の行き詰まりから、一転してコミュニティ、人間社会へと舞い戻ってくる。このような視点は、亡命前から培われてきた彼の根幹に当たるものだった。人間社会への洞察が失われてしまえば、企業は自己中心的な要求の道具にしかならない。晩年に彼が取り組んださまざまな事業は、一般のイメージからはどこか畑違いにも見えるが、ある日突然変異したものではない。これだけは死ぬ前にどうしても言っておかなければならないという遺言でもあった。

ドラッカーは二〇世紀を「浪費された世紀」と呼んだことがある。著作には、著者にそれを書かせただけの岩盤のような感情がある。彼の言動の真因を知るには、まず彼が何を守り、何と格闘したかを知らなければならない。その際に忘れられがちなのがこの「浪費された世紀」の悪夢である。彼にとって、一九世紀は合理主義が進むとともに、生きた人間社会が否定される過程であった。そして二〇世紀は、そのつけを支払うための長い一〇〇年間であった。彼のこのような認識には、ビジネスの視点だけからは迫ることができない。あの「マネジメントの父」にとらわれると、彼の内面や根幹を放置したままに、その実や枝葉だけに目が行ってしまう。ドラッカーの二〇世紀の苦闘と苦悩を抜きにして、その業績の全貌をとらえることは不可能なのである。

別の表現を用いれば、ドラッカーの紡いだタペストリーの、鮮やかな横糸のみではなく、常時ぴんと固く張り詰めた縦糸に着目するということである。そうすれば、これまで見えてこなかった模様が浮かび上がってくるだろう。彼の思想における縦糸は、自由な人間社会を織り上げるうえで、私たちにとってかけがえのないものである。

ドラッカー没後二〇年の現在、その人と著作を新たな眼で見直していく時、新たな哲人の相貌がそこに照らし出されるはずである。

目次

はしがき

第1章　破局　一九〇九―一九二八……1

第1節　幼少期の環境……2
出生　ウィーン第一九区　第一次大戦――文明の崩壊
不適応と転校　シュヴァルツヴァルト小学校　デブリンガー・ギムナジウム

第2節　時代への目覚め……16
ラーテナウ暗殺　サロンでの出来事　アトランティスからの報告　ウィーンを去る　商社に就職　若きキルケゴール主義者　働きながら学ぶ

インターミッション①　憧れ――オペラ『ファルスタッフ』……32

第2章　抵抗　一九二九―一九四八……35

第1節　フランクフルトからロンドンへ……36

大外れの初予測　新聞記者生活　フランクフルト大学　『フリードリヒ・ユリウス・シュタール』（一九三三年）　知識ある者の裏切り　ウィーン一時寄留からロンドンへ　フリードバーグ商会の人々　バジョットへの敬意　アカデミック・ポストの探求　日本美術とのであい　ドリス・シュミットと結婚

第2節　新天地アメリカ……65

渡米　記事の売り込み　『経済人の終わり』（一九三九年）　雑誌王ヘンリー・ルース　ベニントン・カレッジ時代　『産業人の未来』（一九四二年）　GMの内部観察　『企業とは何か』（一九四六年）

インターミッション②　『傍観者の時代』の危うい筆法――カール・ポラニー……84

第3章　覚醒　一九四九―一九六八……87

第1節　ニューヨーク大学時代 …… 88
ニューヨーク大学教授に就任　『新しい社会』(一九五〇年)
ポストモダンの風景――因果から形態へ　教育者として
GEクロトンヴィル研修所　『現代の経営』(一九五四年)
第2節　初来日 …… 104
戦後日本とイメージ形成　経営ジャーナリズム　現代経営
研究会　「猛烈」に受容した人々　一九五九年初来日
日本美術収集　学界からの乖離　経営者の責任
インターミッション③　「大工の言葉」の使い手――マクルーハン …… 124
第4章　転回　一九六九―一九八八 …… 127
第1節　断絶 …… 128
『断絶の時代』(一九六九年)　知識――新たな資源　「断絶」
の由来　渋澤栄一　アメリカ技術史学会
第2節　西海岸移住 …… 141
転居　カリフォルニア州クレアモント　『マネジメント――

課題、責任、実践』(一九七三年)　故買屋フェイギンの泥棒学校　ドラッカー・スクール　『傍観者の時代』(一九七八年)　『イノベーションと企業家精神』(一九八五年)

インターミッション ④ 失われた風景――小説『最後の四重奏』……158

第5章　回帰　一九八九―二〇〇五……161

第1節　ポスト資本主義……162

文明の特異点――ブレンナー峠　資本主義に正統性はあるか　ポスト資本主義社会へ　「ある社会生態学者の回想」(一九九二年)

第2節　共生の社会へ……176

原点に還る　『非営利組織の経営』(一九九〇年)　最晩年のパートナー　大統領自由勲章　彼は何者だったのか

インターミッション ⑤ 信仰生活……191

終章　転生　二〇〇六―　…… 195
死　遺産　ドラッカー・インスティテュート　珠玉の水墨画―日本の美への愛　『もしドラ』ブーム　ドラッカーの家　原風景
参考文献 …… 215
あとがき …… 223

第1章 破局 一九〇九―一九二八

ヨーロッパ時代のパスポート
（1928年．The Drucker Institute at Claremont Graduate University 提供）

早々に大人の仲間入りをして大人として生活しようと私は思った。
（『傍観者の時代』）

第1節　幼少期の環境

出　生

彼の最も古い記憶は四歳時に遡る。二階の子供部屋にいたドラッカーは、階下で交わされる大人の会話に耳をそばだてていた。オーストリア・ハンガリー帝国貿易省高官の父、ウィーン大学の若手法哲学者で母の妹の夫（叔父のハンス・ケルゼン）、第一次世界大戦後にチェコスロヴァキアの初代大統領となるトマーシュ・マサリクの三名がそこにいた。「帝国の終わり以上に、文明の終わりだね」との一言が脳裏に刻まれた。第一次世界大戦が始まった一九一四年のことである。

ピーター・フェルディナンド・ドラッカー（Peter Ferdinand Drucker）は、一九〇九年一一月一九日にオーストリア・ハンガリー帝国のウィーンに生まれた。一九〇九年は和暦で明治四二年にあたる。

ドラッカーの姓は印刷人を意味する。先祖はオランダのアムステルダムで宗教書や法話、コーランの印刷に従事し、曽祖父まで同じ仕事をしていた。

両親ともにユダヤ人だったのはウィーンの公式記録からも明らかになっている。ルター派のキリスト教徒として、結婚式はシナゴーグではなくキリスト教式で行われた。出生証明書によれば、ピーター・ドラッカーはプロテスタント共同体の生まれである。一九〇九年一二月二四日に洗礼を受けており、信仰としてのユダヤ教は知らなかった(弟のゲルハルト・アウグスティン・ドラッカー〔一九一一年八月二三日生まれ〕もまた、生まれて間もなく洗礼を受けている)。出生地はウィーン第一九区デブリンガー、ハウプトシュトラーセ四二、記録では一九〇九年四月にユダヤ人居住区である第二区ウンテーレ・アウガルテン通り四〇番地ハイドガッセ七に居住していたが、両親は長男の誕生を機に一九区へ転居している。

ドラッカーは中産階級の家庭で育った。両親はヨーロッパの文化に精通し、文芸、経済、哲学等に触れることで精神生活を営んだ人たちだった。

ドラッカーは理知的な態度を父アドルフ・ベルトラン・ドラッカーから受け継いでいる。オーストリアの貿易省官僚だった父は、一八七五年八月二七日ブコヴィナのスチャヴァに生まれ、青年期にウィーンに移り住んだ。ウィーン大学で法律学を学んだ後、貿易省に勤務しながらしばし教壇に立ち、自らが創刊を支援した『オーストリア・エコノミスト』に論文を寄稿した。父アドルフは政界、財界、芸術界の交友関係から、ザルツブルク音楽祭の計画にも関与した。父ほど社交的な才能に恵まれていないとドラッカーは感じていたようで、後にライターのジョン・タラントによるインタヴューで父をこんなふうに語っている。

「父と私は、異なる人間だった。私たちは何事でも、絶対に同じようには見なかったし、関心も異なっていた。しかし、私たちは親密で、互いを尊敬していた。私は幼い頃から、父の完全無欠な道徳性や友情を育む才能に感嘆していた。私には欠けている資質だ。一方、父は私を全面的に認めてくれた（私がやることはほとんど理解できなかったかもしれないが）」（タラント『ドラッカー　企業社会を発明した思想家』）。

父は国家社会のために働く生き方を選んだ人だった。妻とともにナチス・ドイツによるオーストリア併合が行われた一九三八年までウィーンにとどまり、その後息子の導きでアメリカに亡命している。渡米後はノースカロライナ大学で国際経済学を講じ、一九四一年以降はワシントンD.C.のアメリカン大学でも教鞭を執りながら、関税委員会で政府業務に関与した。

アドルフの妻キャロライン・ボンディは一八八五年七月二九日、ウィーン第九区ヴィーダーホーフガッセ七で、チェコのプラハ出身の金融業者フェルディナンド・ボンディとベルタ・ボンディ（旧姓ベルガー）の娘として生まれた。祖母ベルタは親族でもとりわけドラッカーと親しかった。若い頃は作曲家ロベルト・シューマンの妻クララを師とするピアニストだった。ブラームスのためにピアノを弾いたことを生涯誇りとしていたといい、実際、相当の腕前の持ち主だったようだ。娘の一人マルガレーテ・ボンディ(キャロラインの妹)は公法学の権威ハンス・ケルゼンの妻となった。

母は若き日に神経科学を学んだ。ジークムント・フロイトの講義を受けたというが、医学への関心を維持した形跡はほぼない。むしろ人文分野、特に芸術に明るかった。ドラッカーの鋭敏な知覚の育成に寄与したのはおそらく母だった。家のサロンではギリシャ悲劇やゲーテ、シラー、シェイクスピアが朗読された。

ドラッカーの著作はレトリックが巧みで、ユーモアに溢れている。彼の、ものごとを感じ取り、新しさに感動する力には、父母それぞれの知の働きが同居していた。

母キャロライン・ドラッカー(1885-1954. The Drucker Institute at Claremont Graduate University 提供)
父アドルフ・ドラッカーの写真は現在のところ確認されていない

ウィーン第一九区

彼を育てた家は、ウィーン郊外の森に囲まれた静かで美しい丘陵地帯、一九区のデブリンガー地区カースグラーベン三六にあった。今も残る三階建ての邸宅は、近代的で機能的な住環境だった。イギ

ウィーンの生家(筆者撮影)

リスのガーデン・シティの概念が取り入れられた一画は一〇世帯ほど、そこに住む子供は、全員で一五人ほどだった。ウィーン分離派のヨーゼフ・ホフマンがデザインを手掛けた屋根の窓からはぶどう畑が見え、その先には、ウィーンの森を一望できた。

　毎週月曜日にドラッカー家ではサロンが開かれた。数学、哲学、音楽、絵画、経済、政治等、多岐にわたるトピックが訪問客に合わせて議論された。叔父ハンス・ケルゼンやフリードリヒ・ハイエク、ヨーゼフ・シュンペーター、ルートヴイヒ・フォン・ミーゼスらも晩餐《ばんさん》に招かれた。月曜日は父が政治に関する話題を、水曜日は母が医学・精神分析を語った。一〇歳になってからサロンへの参加が認められるようになると、折を見てドラッカーは顔を出すようになった。ただし、大人から声をかけられるまで話し出すことは厳重に禁止された。

　ドラッカー家には、同化ユダヤ人特有の熱心な家庭教育があった。家系には医者や法律家のほか芸術家が多かった。

　五歳の頃には父の前で『ロンドン・エコノミスト』を音読し、六歳の時には木陰でスウィフト『ガリバー旅行記』を読んだ。八歳の頃には近所の子供たちから時事解説を引き受けもした。周囲の働きかけを通して、幼少期からそれと気づくことなく自己への教育を行っていた。

第一次大戦――文明の崩壊

第一次大戦を人生で最初の断絶だと、後にドラッカーは見ていた。その体験のあるなしで世界解釈は大きく違ったものにもなる。断絶前後の質的な違いや非連続からくる緊張関係への着目が、後の社会観察の手法となる。

二〇〇一年七月六日、日本の翻訳者・上田惇生《うえだあつお》への書簡で書いている。

「私の場合は、社会への関心の原点が第一次大戦時、一九二〇年代、三〇年代のヨーロッパ社会、ヨーロッパ文明の崩壊にあったためだと思うが、企業とマネジメントを経済的な存在としてのみならず、社会的な存在として、さらに進んで理念的な存在としてとらえた」。

一九一四年六月二八日のサラエヴォ事件は、ヨーロッパの「安定の黄金時代」を崩壊させる最悪の危機のはじまりだった。ドラッカー一家はアドリア海で家族旅行中だったが、休暇を中断してウィーン中央と電報で通信する父の奮闘が、自伝的著作『傍観者の時代』(一九七八年)には克明に描かれている。平和主義者の父は、ウィーンで大臣や政治家の説得に乗り出し、側近を通じて皇帝への直訴まで試みたが不首尾に終わった。

ドラッカーは事件を十分に理解する年齢ではなかったが、大方の予想をはるかに越えて戦争が長引く中で、家庭での食料の分配の問題が生じ、戦死者が近所にも出るなど、日常生活は着実に蝕まれていった。母キャロラインも、唯一人の兄が戦死し、心の傷を負っていた。やがて、新聞の戦死者欄で知る者の名を探すのが日課となり、戦争が終わるなど誰一人想像もできなくなった。彼くらいの年齢の男子は、「大きくなったら」は「徴兵されて戦地に送られたら」と同じ意味だと誰もが思っていた。『アトランティック』誌編集者ジャック・ビーティの記事が往時の所感を伝える。

「ウィーンの他の子供たちと同じように、私(ドラッカー)もハーバート・フーヴァー(当時アメリカの食糧庁長官。のち第三一代アメリカ大統領)が率いる組織の学校給食に助けられた。おかげでポリッジとココアだけは身体が受け付けなくなってしまったが、あの給食が私の、欧州大陸の子供たち、数百万人の命を救ってくれたことは間違いない」。

学校給食の提供を受けた経験が、ドラッカーに「一つの組織がこれほど素晴らしいことを成し遂げることに強い印象を抱かせ、後の組織への強い関心につながったのではないか」と後にビーティは付記している(ビーティ『マネジメントを発明した男 ドラッカー』)。

物心ついた時に戦争だった意味は、ドラッカーにとって大きい。彼にとって永遠に過ぎ去ることのない原点であり、生涯において中心的な重さを持った。ドラッカーの書いたものを見ると、外向的で明るい印象がある。しかし、その明るさは、第一次大戦を一つの起点として培われたものである。崩壊したヨーロッパ社会を目にしたからこそ、そこから作り上げた現在、作り上げるべき未来がある。切実な生存を求める渇望は、ふだんは隠されているが、静かでしかも能動的な態度を彼の中に養った。

不適応と転校

ドラッカーはいわゆる早熟の天才ではなかった。一九一六年、地元の公立小学校の生徒になった。その時、個人的な挫折に彼は打ちのめされている。救いようのない悪筆《あくひつ》と不器用さが原因だった。周囲と自分との間に埋めようのない溝を感じ、自信もなく、学校の集団に適応できなかった。誤解されてもかばってくれる人はいなかった。

往時の失望が『傍観者の時代』にはっきりと記されている。心身は健全に成長しているのにもかかわらず、行く手は閉ざされていると彼には感じられていた。両親がペン字教室に通わせても効果はなかった。ものを見て考える力は備わっていたが、思いを書こうとしても、うまくいかなかった。

これらの経験からか、後年、学校システムが果たす教育への逆機能を彼は執念深く批判している。『断絶の時代』（一九六九年）や『ポスト資本主義社会』（一九九三年）でも一定の紙幅を割いて教育を論じている。あるインタヴュー記事(『サイコロジー・トゥデイ』一九六八年三月号)には、次の象徴的な一文が見られる。

「私は学校をあまり信頼していない。学校は主として青年期を引き延ばすための制度だと見ている。学校が教育をするとの考えを私は受け入れていない。これを冗談とはとらないでほしい」。

少年期に蓄えた負の感情がここには投影されているようにも読める。少なくとも学校は、自由に生きたいと願う彼にとっては違和感しか与えなかった。人を押さえつける一方で、活力はもたらさなかった。集団の調和を重んじ、多くの生徒に犠牲を強要していた。ジャック・ビーティは、「彼は強い知的自立心を持っていたために、以来学校に対して警戒心を示すようになった」と述べている。

後年、タイプライターを導入して、彼はようやく悪筆から解放された。アーヴィング・クリストルに宛てた一九八五年の書簡に次の一節がある。

「タイプライターの手紙をお許しください。山中にいて秘書もいませんし、オーストリアの教育史上、後にも先にも、ギムナジウムの選択科目であるタイピングコースで落第したのはほかならぬ私です」(ドラッカー・インスティテュート所蔵資料)。

書簡を見る限りでは、タイプライターの扱いも決して得手ではなかったようだが、コンプレックスの克服にある程度は奏功したようである。

両親は公立小学校から彼を退学させ、知人の専門家のもとに預けることにした。精いっぱいの配慮だっただろう。一九一九年、ウィーン一区、自宅から徒歩四〇分ほどの私立シュヴァルツヴァルト小学校に彼は転校している。プログレッシブ・ジュニア・スクールへの四年次編入だった。

シュヴァルツヴァルト小学校

両親がシュヴァルツヴァルト小学校を選んだことは、ドラッカーにとって運命的な事件だった。その後生涯にわたる知的活動を決定づけ、この上ない影響を及ぼしたためである。

シュヴァルツヴァルト小学校は、裕福な同化ユダヤ人の子弟が多く、最新の教育手法が取り入れられていた。フランツ・チゼック、マリア・モンテッソーリ、ヘルマン・リーツ等の教育カリキュラムが盛んに採用され、ウィーンきっての知識人が講師として参加した。ハンス・ケルゼン（法学）やエゴン・ヴェレス（音楽）、アーノルド・シェーンベルク（作曲）、オットー・ロンメル（文学史）、アドルフ・ロース（建築）、オスカー・ココシュカ（美術）等が教壇に立った。

両親は、息子の教育を校長オイゲニア・シュヴァルツヴァルトに委ねた。オイゲニアは女子教育の必要をかねてより主張するなど、その個性は当時から際立っていた。彼女についての著

オイゲニア・シュヴァルツヴァルト
(1872–1940)

作を持つハンス・デイヒマンは、彼女から得た教訓として、「耳を傾けること」「心を開くこと」「忍耐すること」、そして「自己の偏見の犠牲にならないこと」を挙げている。カール・クラウス『人類最期の日々』やローベルト・ムージル『特性のない男』にも彼女をモデルにした人物が登場する。

「ウィーンを教育した女性」としてもオイゲニアは知られていた。若き日に教育学を専攻し、博士論文ではドイツ中世の説教師ベルトルト・フォン・レーゲンスブルクの隠喩と比喩を研究した。男女や貧富の差によらず万人が学べる学校をオイゲニアはつくろうとしていた。そのために、女子高等学校を買収し、女性の大学進学を支援した。その後、アドルフ・ドラッカーの同僚ヘルマン・シュヴァルツヴァルトと結婚し、夫もまた、積極的に自校の教壇に立った。ともにドラッカーの両親との関係は深く、母キャロラインはオイゲニアの設立した女子ギムナジウムの卒業生だったし、同校の兼任講師を父アドルフが務めた縁もあった。

その後、第一次大戦中にオイゲニアは社会事業に着手し、建築家のアドルフ・ロースと共同で経営を行うようにもなった。彼女の学校は教育省からの支持は得られなかったが、ウィーンのブルジョア階級の支援はとりつけた。男女共学の小学校は一九〇五年に認可され、一九一〇年には女子中高校の認可や大学進学試験実施許可を得た。彼女の教え子には精神分析医アンナ・フロイト、女優のヘレーネ・ヴァイゲル、社会心理学者のマリー・ヤホダ、作家のヒルデ・シュピールなどがおり、彼女たちは「オイゲニアの娘たち」と呼ばれていた。

教師は子供の創造性を引き出す芸術家でなければならないとオイゲニアは固く信じていた。彼女は言う。

「子供にとって、退屈であることは有害であり、なんとしても避けなくてはならない。喜びこそが生命の源である。喜びと愛情に満ちた心は、創造性へとつながり、それによって、子供たちは、書いたり、話したり、熱心に体験したり、本物を読みふけり、朗読、演技に夢中になれる」。

オイゲニアの教育方針はドラッカーに救いをもたらした。公立小学校とは違って、無理に集団に合わせる必要はなかった。教師陣の力量は高く、癖や奇行を矯正《きょうせい》するのではなく、かえって徹底的に伸ばす教育が行われていた。後で振り返っても相当に水準の高い学校だった。「私の知る限り、尿とフロア・ワックスの臭いのしない唯一の学校だった」とシュヴァルツヴァルト小学校を追

ヘルマン・シュヴァルツヴァルト(1869–1939)

憶しているが、その一文は生理的な好印象とともに、心に馴染む居場所をようやくにして得た喜びを表現している。

学校では算数、読み書き（ドイツ語）、フランス語、工芸、宗教、体育、歌・合唱を学び、学年が進むと自然科学、地理、歴史が追加された。とりわけ女性教師エルザ・ライスとのであいは、ドラッカーに決定的な痕跡を残している。エルザは、子供を一人の自由な人格と見なし、男子を騎士、女子をたくましい女性として育てることを目指した。「エルザ先生は、割り算を楽しいものにしていた」とドラッカーは回顧している。彼女は生徒を退屈させることがなかったし、何より自身が退屈しなかった。

エルザは一人ひとりの内面と向き合う教育を行った。今子供がどのような内的状況にあるかが唯一の関心だった。生きた子供のありようを無視してそもそも教育が成り立たないことを、彼女ははっきりと認識していた。何より生きようとする意志を大切に育てる教育だった。生徒たちの強みを見つけて働きかける教育方針をもって、その意志は貫徹された。強みとは一種の解放を伴う力でもある。彼女は子供の資質が自ら開花するように、根や土壌にあたる環境を調和的に整えようとした。

エルザはドラッカーの最初の師となった。文筆家の夢をも彼女は後押しした。幼い頃から大人になったら物を書く仕事に就こうと彼は思っていたが、エルザの指導を機に、「執筆依存症」

と自称するまでに書くことに没頭するようになった。やはり自分は物書きを目指すべきなのだと考えるようになった。そして、集団に振り回されるのではなく、特性を十分に考えて、周囲を観察しながら生きる術《すべ》を彼はそこで学んだ。

同校は多くの個性を育てたが、一九三八年の独墺合邦《どくおうがっぽう》の結果、「ユダヤ人学校」として、ナチスの攻撃で廃校に追い込まれている。学校の財産、施設、貴重なコレクションはすべて没収された。亡命先のスイスでオイゲニアとヘルマンは客死した。

デブリンガー・ギムナジウム

一九一八年、第一次大戦の敗北でハプスブルク帝国は崩壊し、共和制が導入された。翌年ドラッカーはシュヴァルツヴァルト小学校を卒業し、ウィーン一九区のデブリンガー・ギムナジウムに通常より一年早く入学した。これは飛び級を意味する。

当時、ウィーンの人口の約一〇%はユダヤ人によって占められていた。とりわけ、リベラルな地区のギムナジウムはユダヤ人在籍者が半数近くを占めた。デブリンガー・ギムナジウムは一八八五年に男子校として開設され、一九二二年から一九二三年にかけて男女共学となった。女性教師も採用された。裕福な家庭の子弟が多く在籍し、後の卒業生には、ヴォルフガング・パウリやリヒャルト・クーン等、独創的な仕事をした科学者もいた。

ギムナジウムでは、宗教、ドイツ語、ラテン語、ギリシャ語、歴史、地理、数学、自然史、物理と化学、哲学入門、ドローイング、作文と習字、体育等をドラッカーは履修している。得意科目は歴史、地理、物理実験だった。宗教(選択制)の授業はプロテスタントだった。

だが、ギムナジウムは実に退屈だった。シュヴァルツヴァルト小学校では、退屈は成長を破壊する罪と見なされていたが、ギムナジウムの教師たちはドラッカーを退屈させただけだった。

「八年間を通じて、ほとんどの時間、ほとんどの教師は学生を退屈させ、自らも退屈していた」

と書き記している。授業を受けるふりをしながら、歴史書や文学書を机の下に隠し読んでいたと彼は告白している。後年、ラテン語の不規則動詞の羅列を覚えさせられた苦い記憶をドラッカーは語っている。記憶力を鍛える以上の意味は見出せなかった。

心安らいだのは、図書館で文学、哲学、歴史の読書に没頭している時だけだった。読書を通して、どんなに遠くへでも行くことができた。

第2節　時代への目覚め

ラーテナウ暗殺

退屈なギムナジウムの外に目を向けるようになったのは、自然のなりゆきだった。いくつかのエピソードを彼は語っているが、いずれも自壊しつつある国家社会がその記述に重ね合わされているのは興味深い。

そのいくつかを見てみよう。従軍経験を持つある教師を彼は記憶していた。戦争への忌避感が広がる中、第一次大戦におけるオーストリア・ハンガリー帝国軍の無能力の理由を問われたその教師は、次のように語った。

「戦死した将軍の数が少な過ぎたからだ。彼らは前線からずっと後方で指揮を執り、部下の兵隊を前線に送り込んで死なせていた」。

前線の兵などかまわず、地位や体面、保身に汲々とするだけの真摯《しんし》さの欠如を見ることができる。動かしがたい不条理の刻印として教師の言葉は彼の記憶に定着した。狭隘《きょうあい》なエゴでしかない組織指導者の憐れむべき現実だった。

デブリンガー・ギムナジウム校長のフリードリヒ・ヴェッセンステム博士宛一九八四年三月一日付ドイツ語書簡にも逸話を見ることができる。第一次大戦後の混乱期には、多くの亡命者の子弟たちが同校に在籍していた。ドラッカーが入学して数か月後、双子の転校生が現れた。双子はドイツ語を話せず、常に厳重な護衛を伴い、自家用車で通学していた。その出来事は在校生に異様な印象をもたらした。

帰宅後父アドルフに話すと、ソ連侵攻後のウクライナからの亡命家族であることが判明した。

護衛や特異な雰囲気は彼らの出身地に関係しており、一人の将官はベルリンに、もう一人はウィーンに亡命し、後者の子供たちはデブリンガー・ギムナジウムを選んで入学した。

双子の少年と護衛の目撃体験が、抜き差しならない世界情勢を肌身に感じさせてくれたとドラッカーは書簡を結んでいる。父アドルフとも転校生を話題にしばしば政治談議を行ったと書き記している。

さらに、生涯記憶から消えることのない衝撃的事件として、ヴァルター・ラーテナウ暗殺がある。その事件は、日常生活が実に混乱や死と薄皮一枚で隔てられた現実であることを彼に示した。やはりギムナジウムに入学したばかりの一二歳のことだった。

実業家として知られるラーテナウは、戦中戦後の傑出した政治指導者で、博士号を持つ知識人でもあった。教養と政治力を存分に発揮して、第一次大戦では国内の軍需物資を扱い、戦後にはヴェルサイユ条約、一九二二年にはロシアとのラパロ条約締結交渉を担った。ウィーン市民のみならず「ヨーロッパの希望」だった。

一躍国民的英雄となったが、ユダヤ系ドイツ人であり、愛国とユダヤ性の中間に定めなく漂う彼には、憎しみもまた避けられなかった。ラーテナウ自身も明敏な知性のために、自身の言動の危険性を察知していた。予期通り、裏切り者の汚名を着せられた。

ラーテナウが狙撃されたのは、一九二二年六月二四日、ベルリン郊外でのことだった。ドラッカーが暗殺を知ったのは、下校途中に目にした新聞の号外からだった。大見出し「ラーテナウ暗殺さる」の衝撃を彼は生涯忘れることがなかった。「まだ子供だった私でも、根本的な何かが変わったことが瞬時に理解できた」と後年彼は語っている（上田惇生宛書簡、一九九七年八月二〇日）。ラーテナウの暗殺が、燻《くす》ぶる時代の奥底にある何かを彼に直観させた。

ヨーロッパの希望を体現する人物の遭難として、ラーテナウ暗殺が少年時代の彼に衝撃を与えたのは確かである。しかし、ラーテナウの真意が了解できたのは渡米後のことだった。アメリカの産業社会を肌で実感してから、ラーテナウが、経営や組織を責任の観念のもとにとらえていたことを知ったためだった。その後、ドラッカーはラーテナウの業績を研究し、産業や政治に関する考察を積み上げ、マネジメントの著作でもそれらに言及している。

ギムナジウム時代では、彼が本来の自分に目覚めた小さなエピソードを指摘すべきだろう。ウィーンの共和制記念式典での出来事である。

一九二三年一一月一一日、共和国記念日の集会に参加したドラッカーは、市民パレードの旗手を務めていた。意気揚々と市庁舎前に差しかかる時、前日に降った雨の水たまりを避けた。その時、「自分は旗を持つ人ではなく、傍らで見る人」との意志が、啓示のように心内に現れた。先頭に立つべき人間ではないのに、そうしている事実に愕然とした。そして即座に旗を人に渡して彼は帰宅した。彼は傍観者としての自己の宿命を悟ったのである。

以来他者の見方に迎合せず、自分の眼を信頼するようになったと語る。傍観者の見るものは、一般からいつも逸脱している。見てしまったもの、知ってしまったものを伝えることにこだわるために、常識からはみ出ざるをえない。アウトサイダーたることは傍観者の宿命である。傍観者とは、観察という行為に自らの全存在の根拠を置く人の呼び名である。後年、自伝的著作のタイトルを『傍観者の時代』としたのは、彼なりのいささかの自負でもあったろう。

サロンでの出来事

知的に目覚め、大人の風景に興味を持つようになった矢先、彼は小学校時代の校長オイゲニア・シュヴァルツヴァルトと再会している。当時オイゲニアと夫ヘルマンはアドルフ・ロースが設計したウィーン八区ヨーゼフシュテッター通り六八に住み、頻繁にサロンを開催していた。著名な文化人の集まるサロンが、ドラッカーに明るい刺激をもたらした。

ジェルジュ・ルカーチ、エリアス・カネッティ、カリン・ミカエリス、ライナー・マリア・リルケ、ローベルト・ムージル、カール・クラウス、ヘルマン・ブロッホ、カール・ポパー等の文化人もそのサロンを訪れていた。サロンは知識人の交流の場であり、オイゲニアの才気によって活気に満ち、見事な調和を見せていた。書物や新聞でのみ名を知る人々を直《じか》に見る機会だった。

彼自身はからずもサロンにデビューした貴重な体験が、『傍観者の時代』で語られている。ある日卒業研究の資料収集でサロンに遅刻してしまい、結果としてオイゲニアらの目を引き、演壇にドラッカーは上げられる。オイゲニアは何を調べているのか尋ね、「パナマ運河の世界貿易に対する影響について」と答えてその魅力と困難さを語る彼に、居合わせた数名はその着眼を褒め上げ、公に発表すべきとの助言を与えた。その助言に彼は大いに勇気を得た。

しかし、やがてサロンの人々に対して、彼は特有のあやうさを感じるようになった。一人ひとりの名士は確かに強い存在感を放っていたが、どこか時代から浮き上がっていると思うようになった。

「後のテレビのトークショーのプロデューサーが知っていることをすべて知っていた」とドラッカーはサロンの印象を形容している(『傍観者の時代』)。魅力的な事物は表象に過ぎず、スイッチを切ればただちに消えてしまう脆《もろ》さがそこに表現されている。

サロンの人々は、第一次大戦前のイメージを中心に考え、行動していた。その隔絶感と無縁感をドラッカーは強調している。時代から隔てられた人々は矛盾に立ち向かっていくだけの力を持たなかった。むしろ一九世紀的帝国文化へのノスタルジーのほうが鮮烈な刺激を与え、実際の生活より郷愁の方がよほど現実的だった。過去以外のものはまったく眼中にない世界を生きていた。

アトランティスからの報告

オイゲニアのサロンでは、どんな講話や対話も第一次大戦前の時代を肯定しているということに、ドラッカーは気づくようになった。これを彼は「戦前症候群」と呼び、やがてそこに未来への展望を見出せなくなった。

ドラッカーの認識によれば、当時のウィーンでは誰もが帝国時代の賛美に耽《ふけ》っていた。すべてが怠惰な現実と妥協していた。一九二〇年代のウィーン・オペラは、戦前のグスタフ・マーラーを範とし、仕立て店も戦前の技術にとどまっていたと彼は書きとめている。ドラッカーの目に映る彼らは過去を生き、しかも多くは不満を感じていなかった。

さらにウィーンには物質主義が浸透し、人々を麻痺させ、思想や想像力を窒息させる毒気が蔓延《まんえん》していた。彼はそれを「大衆の絶望」と呼び、価値観や信念の喪失、無力感をそこに見るようになった。精神を喪失した人々は、何をなすべきか、どこへ行くべきか、指し示す羅針盤を失っていた。少なくとも彼にとってウィーンは旧時代のまどろみに閉じ込められていた点で、陶冶《とうや》にふさわしい場所ではなくなっていた。

戦後にドラッカーが折に触れて見た悪夢が、『傍観者の時代』で語られている。セルマ・ラーゲルレーブの『ニルスのふしぎな旅』に登場するアトランティス大陸に似た夢の中に彼はいる。神ゼウスの怒りに触れて海中に沈められたその場所は、生きた人間が銀貨一枚分でもものを買えば、元の繁栄が回復される。市中を歩き回っていると前方に帽子を深くかぶった女性が見える。帽子のつばに隠された顔を覗き込むと、それがオイゲニアであったという夢である。

ごく短いエピソードながら、ウィーンに抱いた印象の不気味さを伝えている。彼が感じとったウィーンの虚妄性の、夢への投影なのだろう。

「戦前は、物という物に浸透し、人という人を麻痺させ、思想という思想、想像力という想像力の息の根を止める毒気の感があった。戦前への執着は、ナチズムがなぜあれほどの魅力を発揮したのか、そのわけを説明してくれる」（『傍観者の時代』）。

一九二〇年代のウィーン体験は、後の全体主義批判の観点からも、実に奥深い示唆を含んでいる。

彼はウィーンを「昨日の町」と呼んだ。もはや身を委ねられる故郷は消えてなくなっていた。自らの足で歩き出さなければならないと彼は思うようになった。

ウィーンを去る

当時のギムナジウムは、卒業試験に合格すれば、他のドイツ語圏を含む大学への進学資格が得られた。成績は悪くなかったが、外国での自活がとりわけ魅力に感じられた。ウィーンを離れる準備を整えながら、彼は卒業の時を待っていた。意識はすでに十分に目覚めていた。「ギムナジウムの教師たちと私とは、ただ一点、私がもう十分に学校の椅子に座った点で完全に意見が一致した。早々に大人の仲間入りをして大人として生活しようと私は思った——子ども扱いされるのは好きではなかったし、思春期の延長みたいなどっちつかずの大学生との仲間づきあいもまっぴらごめんだった。私は早々に生活費を稼いで経済的に自立しようと思った」(『傍観者の時代』)。

父アドルフはウィーン大学を卒業して身を立てた模範市民の一人として、息子にも同様の道を望んだ。一方、ドラッカーには早い時期からインテリ嫌いの傾向が芽生えており、ストレートに大学に進む意志はなかった。進路では譲らず、その決断に父は失望したが、息子の願いを尊重し、最終的には受け入れた。

一九二七年、ギムナジウムを卒業して、次なる居住地として北部ドイツのハンブルクを彼は選んだ。そこで機械製品の貿易会社の見習いとなった。勤務のかたわらハンブルク大学法学部に在籍することにしたが、それは父への言い訳に過ぎなかった。誰にも知られていない土地で、好きな本を読み、音楽を堪能できるだろうと彼は考えていた。夢見ていた異郷への出立、自分自身で稼ぎ、心身両面での自立を信じていた。

出発の日、さまざまな社交への気遣いから、父は息子のためにコートと燕尾《えんび》服《ふく》を作らせた。

だが、ドラッカーは実務と研究に没頭して、ほとんど外出することなく、袖を通すのは稀だった。併せて、スペインのイエズス会司祭で人生訓を多く残したバルタザール・グラシアンの書物数冊が手渡された。

自己形成への第一歩を踏み出したのが、彼にとって何より大きな事件だった。生まれる場所を選ぶことはできないが、生きる場所を選ぶことはできる。時代のうねりの中で、彼は故郷を潔《いさぎよ》く捨てた。後の回想によれば、ギムナジウムの同窓二八名のうち、ウィーンにとどまったのは四名しかいなかった。

商社に就職

ハンブルクでの生活は詳しくはわからないが、後の断片的な記述から推測できる。下積みから始め、失業を経験し、やがて道を見出すに至る。

一九二七年末、商社ビューム&ライフで初の実務に就いたドラッカーは、赴任直後から海外輸出業務全般や物流、保険、簿記に携わった。後には技術部門(主に日本や南米への機械輸出)や部品部門にも配属された。請求書の台帳への転記が主な仕事だった。勤勉で有能であったことは、一九二八年一二月三一日、同社発行の在職証明書からも窺える。

「ウィーン出身のピーター・ドラッカー氏が、一九二七年一〇月五日から一九二八年一二月

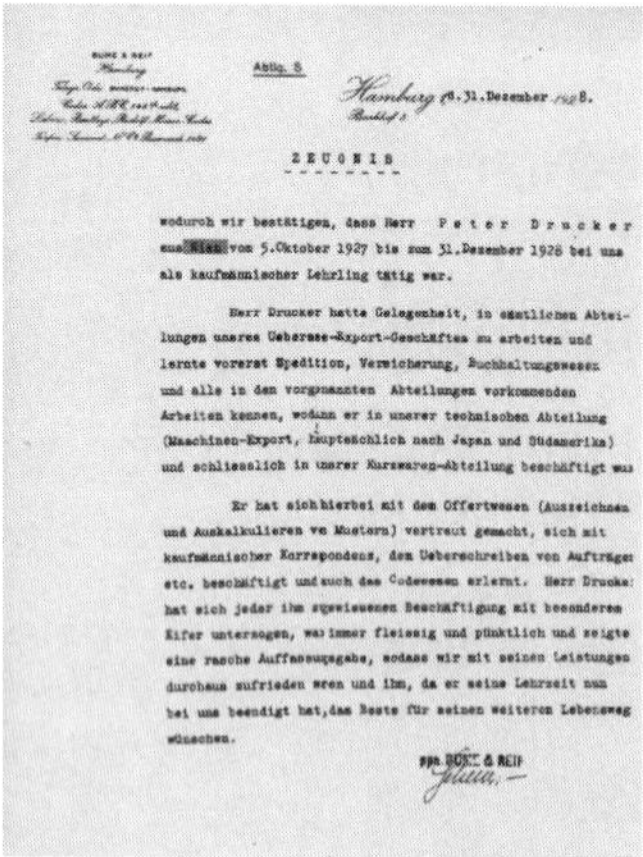
BUME & REIF
Hamburg

Abtlg. S

Hamburg, 31. Dezember 1928.

ZEUGNIS

wodurch wir bestätigen, dass Herr Peter Drucker aus Wien vom 5. Oktober 1927 bis zum 31. Dezember 1928 bei uns als kaufmännischer Lehrling tätig war.

Herr Drucker hatte Gelegenheit, in sämtlichen Abteilungen unseres Uebersee-Export-Geschäftes zu arbeiten und lernte vorerst Spedition, Versicherung, Buchhaltungswesen und alle in den vorgenannten Abteilungen vorkommenden Arbeiten kennen, wodann er in unserer technischen Abteilung (Maschinen-Export, hauptsächlich nach Japan und Südamerika) und schliesslich in unserer Kurzwaren-Abteilung beschäftigt war.

Er hat sich hierbei mit dem Offertwesen (Auszeichnen und Auskalkulieren von Mustern) vertraut gemacht, sich mit kaufmännischer Korrespondenz, dem Ueberschreiben von Aufträgen etc. beschäftigt und auch das Codewesen erlernt. Herr Drucker hat sich jeder ihm zugewiesenen Beschäftigung mit besonderem Eifer unterzogen, war immer fleissig und pünktlich und zeigte eine rasche Auffassungsgabe, sodass wir mit seinen Leistungen durchaus zufrieden waren und ihm, da er seine Lehrzeit nun bei uns beendigt hat, das Beste für seinen weiteren Lebensweg wünschen.

ppa. BÜM & REIF

商社ビューム＆ライフからの在職証明と勤務態度評価書(1928年12月31日．現存する最も古いドラッカー宛書簡．The Drucker Institute at Claremont Graduate University 提供)

三一日まで、商業見習いとして当社で勤務したことを確認する。見積り、商業通信、上書き注文等に氏は精通した。氏は業務に精勤し、物事の把握に優れていた。私たちは氏の業績に満足し、当社での修業期間を終えた今、氏の今後の活躍に期待する」。

約一年半のハンブルク生活は、貴重な修業時代だった。仕事には満足しなかったが、労働者として主体的に、自信をもって生きていけると思うようになった。もともとウィーン脱出の口実だったのだから、社会の現実が見えるようになっただけでも収穫だった。

ハンブルク大学法学部に在籍してはいたが、夜間部はなく、結局講義には一度も出席しなかった。当初から詰め込み勉強はせず、代わりに仕事が終わった後、ハンブルク市立図書館分館で思想書や社会科学書を手当たり次第に読んだ。計画性も方向性もない読書ながらも、ギムナジウム以上の教育をそこで得たと後年彼は告白している。平日夕方から五時間を図書館で過ごし、「一五か月間、ドイツ語、英語、フランス語の本を読み耽り」、「それが本物の大学教育だった」と振り返る。そこでであったのが、フェルデナンド・テニエスとセーレン・キルケゴールだった。

テニエス『ゲマインシャフトとゲゼルシャフト』(一八八七年)を「人生を変えた書物」の一つとドラッカーは認めている。テニエスは人間社会の基本形態をコミュニティと社会の二つに分類している。歴史の発展に伴いコミュニティは社会へ移行するが、社会の中心には二つの並行関係が残るとテニエスは指摘する。

「テニエスから学び、終生忘れることのなかったのは、人には位置づけを持つコミュニティと、役割を持つ社会、その両方がなくてはならないことだった」と、最晩年の二〇〇三年刊行の論文集『機能する社会』序文で彼は述べている。企業や産業を論じるマネジメント言説の土台に、テニエスが結び付いていたことがわかる。人間がコミュニティ(居場所)を失ってしまったならば、社会は単なる人間の集合となる。テニエスの触発からドラッカーは探求テーマを獲得していった。

若きキルケゴール主義者

この時期、ドラッカーの心を占めていたのは哲学と芸術であった。生涯の指針を彼に指し示したのは、哲学者キルケゴールだった。後にそのであいを「神の導き」とまで彼は表現している。「避雷針《ひらいしん》の先端に大気全体の電気が集中するように」人の精神の細胞を組み替えてしまうような時間をシュテファン・ツヴァイクは「星の時間」と呼んだが、キルケゴール体験はドラッカーに「星の時間」をもたらしたのである。

キルケゴールは一八一三年、デンマークのコペンハーゲンに生まれ、一八五五年に亡くなるまで多くの著作を残した。その哲学は実存主義の起源とされ、ニーチェ、ドストエフスキー、二〇世紀にはハイデガーやサルトルにも影響を与えた。没後しばらく参照する者は少なかったが、第一次大戦後ドイツ語に訳されて読まれるようになった。第二次大戦後には英語に訳され、キルケゴール・ルネサンスを呼び起こした。

キルケゴールによれば、人間とは本質的には精神である。肉体が生きていたとしても、すでに精神が絶望して死んでいることがある。

『おそれとおののき』(一八四三年)を手にした衝撃をドラッカーは特筆している。旧約聖書の「創世記」の中で、息子イサクを殺すよう神に命じられたアブラハムが自己に徹し、「知る」ことより「行う」ことを優先させた様子を、キルケゴールは信仰の極致として描いている。「自己自身であろうと欲するに際して、自己を措定した力のうちに、自覚的に自己自身を基礎づける」ことがキルケゴールの信仰観だった。

事実、キルケゴール体験によって、ドラッカーには自身の生き方を真剣に考える、重みのある時間がもたらされた。人間は何のために生きるのか、いかにして生きるべきか。キルケゴールから彼が学んだのは、神の国と現世に引き裂かれた矛盾の中の人間だった。最も大事な問題は矛盾にしかない。矛盾こそが実存の本質でなければならない。

「何が起こったかを理解したのは、何年もたってからのことだ。しかし私は、何かが起こったことはただちに知った。人間の実存に関わるような何か新しい重大な次元にであったことを悟った」（「もう一人のキルケゴール」）。

人間の現実が矛盾の中にあるのは、私たちが自由を求めるからである。人間が人間として生きることは、唯一の自己によってしか始まらない。実存とは絶対者である神と現世の間の要請、あるいは無限と有限との境において、緊張して立つ人間の姿である。絶対に相容れない論理の間で悪戦苦闘するのでなければ、自由に生きていることにはならない。説明不能の罪の意識につきまとわれ、苦しみ悩む人間こそが生きている。

一九四九年、ドラッカーは『スワニー・レヴュー』に先に引いた論文「もう一人のキルケゴール」を発表している。ドラッカー唯一の哲学的・宗教的作品である。第二次大戦を経て、ドラッカーの周囲でも多くの人間が死に、行方不明になっていた。行方知れずの知人が不意に現れたりもした。身の回りで人間が大量に消えていくのを目にする時、生き残ったわが身について深く思いを致さざるをえない。その状況で、キルケゴールが「唯一の慰め」となったと付言している。

「この世で最も偉大なことは、人間の自由」というのが、キルケゴールに見出した不動の主張だった。世界と関わりを持とうと考える時、実存の問題と真剣に取り組まなければ、真に生きることはできないと考えるようになった。

人は何のために生きるのか、働くのか。問いかけるのも答えを出すのも自分以外にない。人間が本質的に矛盾の中にあるとするキルケゴールの倫理的課題は、ドラッカーが社会を見るうえでの基本的視座となった。

『経済人の終わり』(一九三九年)では五〇〇もの思想家、政治学者、社会学者等の広汎な文献が引用されている。多くはハンブルク時代の読書の成果でもあった。知性は内側から目覚めつつあった。

働きながら学ぶ

ハンブルク時代について一つ指摘するなら、「働きながら学ぶ」スタイルの萌芽《ほうが》がすでに見られることがある。単なる学生として学ぶのは時間の無駄だと思った。父アドルフ、叔父のケルゼンも、ウィーン大学の兼業学生から身を起こし、実務のかたわら博士の学位を取得している。

むろん職業を持ちながら知的活動を行うのは生やさしいことではない。しかし、誰かの考えをただ受け入れるのではなく、額に汗して働きつかみとることが、思想を真に自分のものとする最上の方法だと彼は考えた。後の活動を見る限り、思索対象はどの場合でも、現実の労働の上に成り立っている。学問と実務に並行して取り組む時、知力が活性化されることも年若くして知った。

以来、「専業学生にならない」と彼は心に決め、労働現場で学ぶ人生を死ぬまで続けている。しかも、ありきたりの仕事ではなく、自分らしい方法で行動した。できない仕事はにべもなく断ったし、価値を見出せない人や仕事には近づきさえしなかった。後にドラッカーと親しく交流を持つことになるジョン・フラハティは、彼から聞いた人生で行った二つの決断に触れている。一つは、大学で学びながら働いたこと、もう一つは後の伴侶ドリスに求婚した際、彼女の拒絶を受け入れなかったことだった。

とはいえ、ハンブルクの仕事には将来への展望はなかった。「商人としての成功はありえなかった」と述べるように、毎日の単調な事務作業に彼は飽き飽きしていた。彼には知るべき世界がまだまだあるように思えた。

一九二九年、ハンブルクを離れ、フランクフルト・アム・マインへとドラッカーは向かった。もっと知的で達成感のある仕事を求めての移動だったのは言うまでもない。

それまでの地縁、血縁、言語、風俗、習慣から自分を切り離し、つど関係性を組み替えていく中で、彼は遍歴者としての自己を確立していく。やがて、世界各所を移動し、これはという人にであうと観察し、教えを受け、進んで対話する、「足で稼ぐ」哲学者となっていった。人が移動を志すのは、たんなる現実逃避ではない。自由な人間として生きることが実存的に生きることである。

インターミッション① 憧れ――オペラ『ファルスタッフ』

ハンブルク大学が結んだささやかな縁もまた見逃せない。売れ残りチケットは学生なら無料でもらえたため、終業後、彼は毎週オペラ座やトーキー映画に足繁く通った。

その中で初めて見たヴェルディのオペラ『ファルスタッフ』に、全身が震える感動を覚えた。音楽の都ウィーンからハンブルクに至り、長い間開かなかった扉がいきなり開いた感覚だった。舞台には書割があり、さまざまな照明が当てられ、多くの大道具・小道具の間で、自由な人間の豊かな絡み合いでストーリーは展開していく。

ヘンリー四世治下(一四世紀末――一五世紀初め)のイングランド、ウィンザーの町である。大酒呑みで太鼓腹、自由奔放な騎士ファルスタッフは、居酒屋兼旅籠《はたご》のガーター亭に入りびたり、持ち金を飲み代にはたいてしまう。そこで町の裕福な夫人アリーチェとメグから金を巻き上げようと「逢引き」を持ちかけるが、アリーチェの夫フォードが乗り込んできて、隠れていた洗濯籠ごとテムズ川に投げ込まれる。ずぶ濡れになったファルスタッフに、今度は偽の恋文がアリーチェからもたらされ、実はすべて彼を担ぐ狂言だった。最終場面では「人生はみんな冗談さ」がリフレインされて幕が下りる。話の筋そのものよりも、テンポの軽快さと、話の進み具合が面白い。将来に迷いを抱えたドラッカーに、ヴェルディの人生賛歌はすさまじい力で迫ってきた。

さらに、『ファルスタッフ』がヴェルディ八〇歳の作品と知り、驚いた。平均年齢が五〇に遠く及ばない時代だった。ヴェルディはワーグナーとヨーロッパを二分する富と名声を得ていた。友人たちはそんなヴェルディに幸せな引退を勧めたが、決して辞めなかった。「どれが最高の作品か」と聞かれた時、「次の作品」と答えたとのエピソードが残されている。

実存的に生きる人間の熱源の究極に位置するのが、「憧れ」である。憧れは無意識のうちに人を育てていく。八六歳になったドラッカーのエピソードがある。ジム・コリンズがどの著作を最も誇りに思っているかと尋ねたところ、「次の本だ」が答えだった。全著作の三分の二は、六五歳以降に書かれていた。生涯の態度は、多くの場合、若いうちに獲得され、齢を重ねて強まっていくものである。『ファルスタッフ』から受けた鮮烈な驚きは、死ぬまで憧れとして彼の心を照らし続けた。

第2章 抵抗 一九二九―一九四八

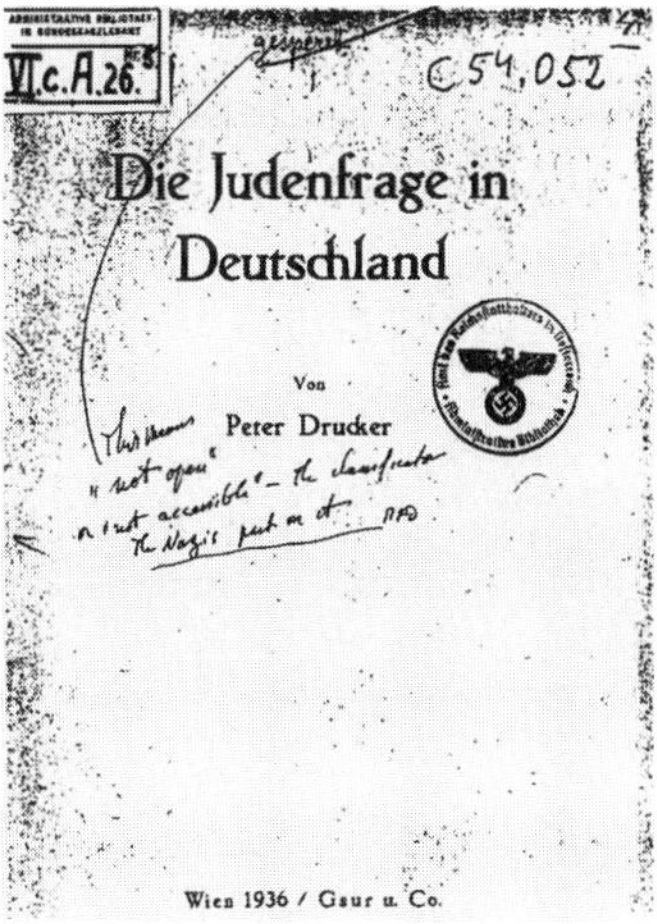

『ドイツにおけるユダヤ人問題』(1936年)の表紙(ナチスによる鷲とハーケンクロイツの押印が見える. The Drucker Institute at Claremont Graduate University 提供)

私がジャーナリストになったのは二〇歳の誕生日だった。ヨーロッパでも二番手の夕刊紙で、外国籍の経済記者として(一九二九年)一月二日から出勤した。それまで私は商社や投資銀行の見習いを経験していた。新聞社ははじめてだった。

(ドラッカー・インスティテュート所蔵資料)

第1節　フランクフルトからロンドンへ

大外れの初予測

ドラッカーの生涯において、一九二〇年代後半から一九三〇年代初頭にかけてフランクフルト・アム・マインで過ごした事実は見逃しえない。フランクフルト滞在はわずか四年足らずであったが、世界恐慌、失業、ナチスの攻撃、自著の焚書、亡命などが次々とドラッカーの身に起こり、禍々しい時代の片鱗が視界にくっきりと入ってきていた。何よりナチズムとの接触はその生涯に拭い去りがたい影響を及ぼした。

ヒトラーがフランクフルトをとりわけ毛嫌いしていたのは周知の事実である。歴史的にその都市機能の中心を担ってきたのはユダヤ人だったためである。党大会等の公式訪問時でさえ、ヒトラーは市内での宿泊を拒否し、近隣都市に宿を求めたと言われる。フランクフルトの一画に身を置いたことは、ドラッカーにとってある種のトラウマとなった。生涯にわたって不条理の痕跡として精神にとどまり続け、怒りを忘れることはなかった。

彼がオーストリア国籍のユダヤ系だったことも大きい。第一次大戦後の、頼ることのできない世界を彼にはっきりと示すことになった。やがて、彼はフランクフルト時代の記憶をもとに数冊の著作を執筆しているが、それらはいずれも、当時の異様な印象を雄弁に物語っている。世界はニヒリズムへの坂道を転がり落ち始めていた。

アメリカ系証券会社のアナリストとして勤務を始めたが、この時、彼は生涯にわたって堅持する一つの教訓を手にすることになった。

当時彼は計量分析を用い、世界景気の続伸を予測する論文を発表した。株価は上昇を続けており、彼の結論におそらく誰も異論は挟まなかっただろう。しかし、歴史は人間の理性を超えている。一九二九年一〇月二四日、ニューヨーク株式市場の株価暴落は、空前の好景気とともに、ドラッカーの甘い予測を粉砕した。会社は倒産し失業する。

その経験から、ドラッカーは、未来とは予測不能と悟った。いかに数学的に高度な分析であったとしても、人は見たいものだけを見るフィルターから無縁ではいられない。結果に影響する変数は無数にあるが、それらすべてを考慮することなどできない。未来予測を一切行わない、関わらないと彼は心に決めた。

以後、ありのままの現実の観察をひたすら彼は心懸けるようになった。見えているものを書いていくと、他のことがつながってきて、捨象《しゃしょう》できるものなどないこともわかった。あるいは、

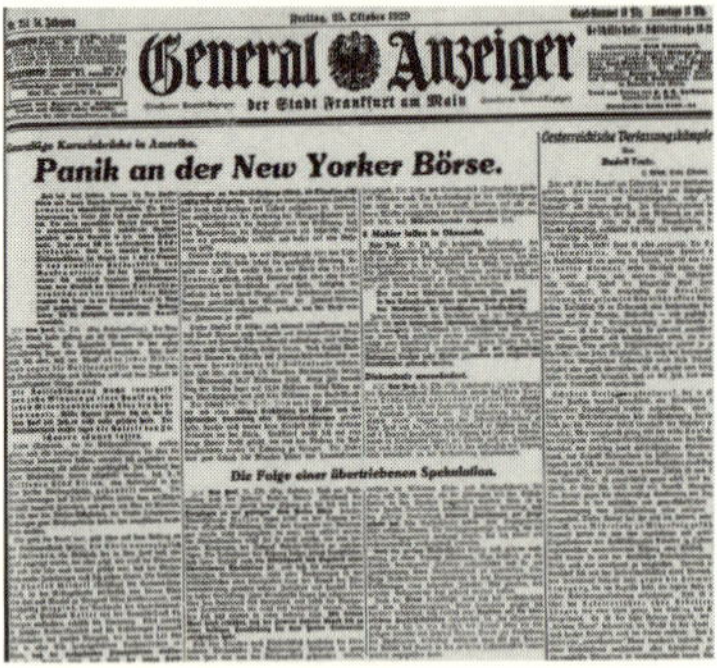
Freitag, 25. Oktober 1929

General Anzeiger
der Stadt Frankfurt am Main

Panik an der New Yorker Börse.

Die Folge einer übertriebenen Spekulation.

ニューヨーク証券取引所でのパニックを書いたドラッカーによる記事(『フランクフルター・ゲネラル・アンツァイガー』1929年10月25日. The Drucker Institute at Claremont Graduate University 提供)

今見ているものだけではなく、本来見るべきでありながら、見えていないものへも目が向くようになった。可能な限りそれらを抽象化・概念化せず、生きたままにとらえていくことにした。

未来について人間が知りうることとして、「未来を知ることはできない」「未来は現在とは異なる」の二つしかないと後の著作『創造する経営者』(一九六四年)で彼は述べている。

新聞記者生活

証券会社在職時にアメリカ経済単信のコラムを執筆していた縁で、二〇歳を前にしたドラッカーは新聞記者の職を得た。少年時代からの念願がかなったことになる。『フランクフルター・ゲネラル・アンツァイガー』での記者生活は一九二九年から一九三三年までの四年間に及んだ。

同紙は、一八七六年にカール・ホルツマンらによって創刊され、『フランクフルター・ツァイトゥング』と並ぶ日刊紙として、フランクフルトおよびライン・マイン地域で約五〇万部を発行していた。編集者は一四人、慢性的な人手不足の中で経営が行われた。中堅の記者や編集者の多くが第一次大戦で戦死し、若い記者にも責任ある地位を与えなければ社業が成り立たなかった。後の伴侶ドリスは、年若いドラッカーの署名入り記事に驚きあきれた彼女の母が、即座に同紙の購読を中止した記憶を記している。

日曜日を除く毎日、四八ページまたは六四ページの紙面を執筆・編集した。入社からわずか二年後、ドラッカーは国際面の担当記者兼論説委員となった。経済と金融を担当しながらも、国際問題、芸術、家庭欄等あらゆる分野の記事を書いた。台頭著しいナチス党首ヒトラーや、宣伝相ゲッベルスの演説にも潜り込んだ。

印象的な出来事の一つに、編集長エーリッヒ・ドンブロウスキとのであいがある。ドイツでも屈指のリベラルな編集者として彼はその名を知られていた。厳格なプロシア人でもあった。ドンブロウスキは年二回、定期的な面談で仕事ぶりを査定し、時に批判、時に激励を行った。評言は粗削りなものであったが、公正かつ有益だった。

ある刑事事件裁判の取材でのドンブロウスキの叱責を、彼は書きとめている。初めて裁判を記事にして提出したところ、検事の名が記されていない過誤を即座に面罵《めんば》された。すぐさま裁判所に取って返したが、検事は帰宅していた。結局家まで押しかけて尋ねざるをえなかった。「記事で重要なのは名前を正しく伝えること」が新聞記者としての初の教訓だった。「私を変えた七つの経験」という文章を晩年に彼は残し、その生涯を決定づけた一人にドンブロウスキを挙げている。

新聞記者時代のドラッカーはひたすら記事を書き続けた。自己に課した仕事は、どこまで社会に肉薄し、記せるかであった。とりわけナチズムの真贋を見分ける上で、それは貴重な修練の場となった。

フランクフルト大学

記者生活のかたわら、ドラッカーはフランクフルト大学で研究も行っていた。昼は記者として市内を駆け回り、夕方以降大学での講義という日々だった。取材活動が彼の表舞台とすると、大学での研究は舞台裏だった。特に歴史を研究すると、その時わからなかったことが後から見えてくることがあった。とりわけ一九世紀の政治史に関心を寄せたが、それとの比較で現在を見た時、ふだんは見えにくい時代の持つ深層、異常性が自然と目に入ってくるようになった。

フランクフルト大学は一九一四年一〇月、市民の寄付によって設立された大学である。高額寄付者にはユダヤ人富裕者が少なくなかったことを背景に、ドイツで最初にユダヤ人教授を生んだのもこの大学である。ユダヤ人教員はドラッカー在籍時で全体の三六%以上を占めた。教壇には、ユダヤ思想のマルティン・ブーバー、社会学のフランツ・オッペンハイマー、中世史のエルンスト・カントロヴィチ等の姿があった。専門分野のみならず、哲学、宗教学、東洋学にもドラッカーは強い関心を示した。リヒャルト・ヴィルヘルムの清朝に関する講義は特に人気で、講堂は常に満員だった。

ドラッカーの専攻は国際政治だった。非ドイツ国籍のため、一般的な法律実務の修得は許可されなかったが、国際法の履修資格はあった。一九三一年、二二歳の時、「準政府の国際法上の地位、国家意思による国際法の正当化」で政治学博士の学位を彼は取得している。植民地問題から未知の政治体制に移行する国家の法政治制度を主題とする論文だった。指導を引き受けたのはカルル・シュトループだった。シュトループはハイデルベルク大学とマールブルク大学で歴史と法律を学び、一九二六年から一九三三年までフランクフルト大学教授を務めた国際法学者である。学位論文は、提出の翌年にはベルリンのフランツ・ヴァーレンから国際法研究シリーズの第八号として出版さ

博士論文の表紙(1932年. The Drucker Institute at Claremont Graduate University 提供)

れた。

学位取得後、その才能を認めたシュトループは彼を員外講師に推薦し、学界での地位獲得の助力を行った。それは重要な一歩となるはずだった。

一九三〇年九月の選挙でナチスは飛躍的に議席を伸ばし、一九三二年七月には二三〇議席を獲得して第一党に躍進していた。ドラッカーがフランクフルト大学に在籍した時期はその前夜にあたっていた。ハーケンクロイツの旗を掲げ街中を闊歩するなど、ナチスの集団示威行動は日常と化していた。学内にもナチス団体が組織され、ユダヤ人学生や外国人学生への中傷、暴力を含む一〇〇〇人以上の集会が開催されていた。

情報がいくら発信されても、日常生活でその意味に気づけないことはめずらしくない。ドイツでは、ナチスの力を過小評価する人が少なからずおり、多くは政権獲得など夢にも思わなかった。特にインテリ層にはその傾向が強かったと言われている。彼らは知りたいこと、関心のあること以外はいつもすべて意識から排除して、現実を見ていなかった。

ドラッカーには一つの予見があった。ウィーン時代に、「ナチスが怖い」と大人に話して一笑に付された記憶を彼は書きとめている。ヒトラー『我が闘争』は一九二五年に第一巻、翌年に第二巻が刊行され、同書にはユダヤ人迫害も全面戦争も対ソ侵攻もすべてが克明に記されていた。ドラッカーは、『我が闘争』の一文一文を真剣な政治綱領と受けとめていた。

周囲に漂う不吉な臭いが彼を圧倒した。少なくとも、ナチズムを軽視することはもちろん、一切の希望的観測を許さないと彼は心に決めていた。ナチスとはどうあっても妥協をするべきではなく、服従など論外だった。

『フリードリヒ・ユリウス・シュタール』(一九三三年)

一九三三年は忘れられない年となった。同郷の友人ベアトルト・フライベルクとの何気ない会話を、ドラッカーは書きとめている。

「ベアトルト、はっきりしていることが一つだけあるんだ。ナチスが政権を取った後のドイツに僕がいることはないよ」。

『フリードリヒ・ユリウス・シュタール』(1933年. The Drucker Institute at Claremont Graduate University 提供)

真意をほかならぬ彼自身に告げることになった一文である。心の奥底にあるものは、本人でさえよくわからないことがある。言いたいことをうまく言えなかった彼は、フライベルクとの会話で自らの口からそれを聞くことになった。

ナチスへの抵抗のささやかな意思表示と

して、著作の出版を彼はもくろんでいた。正確にはパンフレットに近い三〇ページほどのエッセイ『フリードリヒ・ユリウス・シュタール——保守主義的国家と歴史的展開』である。

学究生活の中でドラッカーが目をとめたのが、一九世紀の保守思想家フリードリヒ・ユリウス・シュタールだった。当初は、シュタールのほか保守主義者ヴィルヘルム・フォン・フンボルト（ベルリン大学創設者）、ジョゼフ・フォン・ラドヴィッツ（プロシア軍総長）を取り上げる構想だった。結果として、仕上げることができたのはシュタール論のみだった。

一九三〇年代初頭の危機を説明するために、一九世紀保守政治を今一度呼び出し、吟味する必要を彼は感じた。確かな立ち位置を確保しようとすれば、歴史研究に立ち入らざるをえない。ドラッカーは、激動の一九三〇年代の垂範者にシュタールを位置付けようとした。その死闘を何としてでも現代に蘇らせなければならなかった。

シュタールは一八〇二年に生まれ、一八六一年に没したユダヤ系プロシアの保守政治家、言論人・思想家である。青年期にプロテスタントに改宗したシュタールは、ベルリン大学教授としてヘーゲル哲学を批判的に継承した。錨《いかり》をおろした国家だけが状況に合わせて柔軟に変わることができる。議会と教権による保守国家をシュタールは目指した。議会は変革を、教権は継続を意味していた。その「継続と変革」を織り込んだシュタールの現実的態度に、ドラッカーは心酔していた。

論文は、ナチス支配のドイツに最終的な批判の照準を定めていた。何より出版に漕ぎつけなければならなかった。ドラッカーが真っ先に交渉したのがテュービンゲンのモール社だった。同社は一八〇一年にアウグスト・ヘルマンによって設立された法政治、文化、ユダヤ思想、保守主義等を扱う学術出版社であり、現在も社業を継続している。シュタールの著作については新版の出版実績があり、名声と刊行部数では群を抜いていた。社主オスカー・ジーベックは、ドラッカーの叔父ハンス・ケルゼンの教授資格論文『国法学の主要問題――法命題の理論からの展開』(一九一一年)や、マックス・ウェーバーの『バーデン大学経済学論集』『政治経済ハンドブック』を出版しており、同社は若き学究の徒にとっては羨望《せんぼう》の的であった。「『フランクフルター・ゲネラル・アンツァイガー』国際面記者、フランクフルト大学国際法ゼミナール員外講師」の肩書きでドラッカーは書状を認《したた》め、一九三三年四月四日に売り込みを行っている。

モール社が引き受けてくれるならこれ以上の栄誉はない。書状にはフランクフルト大学の指導教官の一人アルトゥール・バウムガルテンや、当時ボン大学で教鞭を執っていたハンス・ケルゼンによる推薦の文言も見え、熱心な様子が窺える。

要請はジーベックの受け入れるところとなった。一九三三年四月六日の返信で、「法政治歴史現代叢書」に入れるばかりでなく、同叢書一〇〇号記念の刊行が提案された。むしろ望んだ以上の厚遇と言ってよかった。

後年の回想によれば、社主手ずから迅速かつ円滑に出版準備を進めてくれ、そこには連帯意識が感じられた。面識のなかった同社編集者の間でも、ナチズムへの危機感は共有されていた。ほぼ一、二日ごとに頻繁に書簡の往復が行われた。

かくして『シュタール』は、一九三三年四月二六日に出版された。

一方、ナチス側からすれば、シュタールはドイツ法学界から排斥すべき危険な神権政治家にほかならず、ドラッカーと出版社の意図は鋭敏にキャッチされていた。出版時ドイツを脱出していたドラッカーはかろうじて身の安全を確保していたが、各大学の焚書リストにナチスは『シュタール』を載せている。

一九九九年一月五日、モール社を継承したゲオルク・ジーベック(オスカーの孫)からドラッカーは書簡を受け取っている。オスカーは気骨ある出版人としてナチスとの闘争を継続し、一九三六年に自死を選んだとそこには記されていた。

知識ある者の裏切り

ウィーン時代からドラッカーの尊敬した言論人にカール・クラウスがいる。「もっとも大きな悪は、誰にも責任がないような小さな悪であり、また、その責任をもたない誰もが責任をもつ小さな悪である」と『黒魔術による世界の没落』(一九二二年)でクラウスは述べている。フランクフルト大学拡大教授会で、クラウスが描いた通りの悪をドラッカーは目にすることになる。一九三三年二月二五日、ナチス・コミッサールがユダヤ人教授の追放を宣言した。圧倒的権力をもって学問の府を制圧し、知識人を恐怖によって奴隷化する最初の暴挙に着手した。手始めに全ユダヤ人の学内立ち入りを禁止し、三月一五日付をもって給与の支払いなしの解雇を発表した。

侵入者は学部長たちを指差し、「手前《てめえ》ら、言うことを聞かなければ収容所行きだ」との暴言を吐き散らした。

そのとき言論による抵抗の無力さをドラッカーは悟った。フランクフルトのみならず、ドイツを浸蝕する暴力がヨーロッパ全体を破壊すると直観した。ナチスが「解決」すべきと考える問題圏には、彼自身が含まれていた。

次いで、名も記されないある生化学者の発言が追記されている。リベラルで知られるその生化学者が、学問の自由の観点から、この暴挙を阻止するだろうと誰もが期待した。その発言内容をはっきり印象深くドラッカーは書きとめている。

「ついに、彼が立ち上がり、咳払いをしてこういった。「コミッサール殿、大変興味深く、大変よくわかった。しかし、一つだけよくわからないことがある。生化学の研究費はこれからどうなるか」」。

思いがけない事件に遭遇した時、人は本性を表すものである。責任放棄への激しい憤りがそこには感じられる。憐れむべき光景を目にした彼は、全体主義による破壊がついに足元に迫っていることを知った。知識人の堕落は、ヨーロッパの全体主義化を先んじて示していた。二度とこうしたグロテスクな知識階級と関わるまいと思った。そのように彼がストレートに悪について語る場面は例外的である。その晩、フランクフルト滞在の三年で「初めて下宿に鍵をかけた」と書きとめている。そして、その時ありありと脳裏に浮かんだ光景が、アメリカでの最初の著作『経済人の終わり』のライトモティーフとなったと記している(『傍観者の時代』)。

後年彼は、著名な歴史家であり、フランクリン・D・ルーズベルトの初代ドイツ大使であったウィリアム・ドッドが、ナチス宣伝大臣ゲッベルスが博士号を保持していたことを、憤りをもって日記に記していた事実に触れている。ドッドを震撼させたのは、ゲッベルス本人よりも彼を生み出した教育システムだった。尊敬してきたドイツの大学が、理想や価値観を体現するものではないことに突然気づき、怯《おび》えた。これはまさに救いようのない堕落であり、「知識ある者の裏切り」だったとドラッカーは記している。知識人とあえて距離を取り、マージナルな立ち位置を選び取る意志は、この事件を契機としていたかもしれない。

人として生きるには、決断の避けられない時がある。彼が下した決断は、「ドイツを去る」だった。とどまるならば、いずれは途方もない破壊力と向き合わざるをえなくなる。それらがやがて彼の生存を妨げるのは時間の問題に見えた。

一九三三年以後、反ユダヤ立法が立て続けに成立し、翌年四月にはユダヤ人大学教員に加え、三〇〇〇人のユダヤ人医師及び四〇〇〇人のユダヤ人弁護士が追放された。ドイツ在住のユダヤ系住民約五〇万のうち、ほぼ半数が一九四〇年までに国外に出たと言われている。彼らは主にナチス体制下で身の危険に晒された知識人だった。

フランクフルト大学では、ユダヤ人教授追放は速やかに実行に移された。その数は五四名に及び、ドラッカーの指導教官のカルル・シュトループとアルトゥール・バウムガルテンの二名も含まれていた。やがて市内のユダヤ人名士の冠される通りや広場、ロスチャイルド、ゴールドシュミット、ハイネ、ラーテナウ、トーマス・マン等は純ドイツ人名に置き換えられた。公園や橋梁《きょうりょう》もナチスによってアーリア系名称一色に塗り替えられた。

ウィーン一時寄留からロンドンへ

ドラッカーは、ドイツでの職業的展望をすべて捨てる覚悟を決めた。職を辞することは、当然ながら人生の大きな方向転換である。それは、収入はもとより、知的職業へのアクセスの喪失を意味する。ただし、その時点では決定的な亡命を考えていなかったようで、とりあえずフランクフルト大学にナチス・コミッサールが乗り込んだ日の翌早朝のウィーン行きの鉄道で、ドラッカーは故郷に舞い戻った。

彼は一時の安息を得たが、隣国の全体主義化にもかかわらず、いまだウィーンは回帰と耽美に浸っていた。両親や周囲も、わずか数十キロ先の危機に正確な観念を持ち合わせてはいなかった。危機を彼らが知らないはずはなかった。うすうす気づき、むしろ自覚するからこそ、対決を避け、安泰を自分たちに言い聞かせていた。やがて訪れる破局をせめて考えることだけでも拒否しようとしていた。

当時の様子をシュテファン・ツヴァイクは『昨日の世界』(一九四二年)で書いている。「ウィーンではカフェに坐っている人々や内閣の人々さえも、ナチズムを「あちらで」起こっている事柄であり、オーストリアには少しも触れることのできないものと見なしていた」。オーストリアがナチスに併合されたのは、一九三八年三月である。

ドイツをその眼で見てきたドラッカーにとって、日常を変わらないものと決めてかかっている彼らが不思議でならなかったが、それでも失業も手伝って、「ぐずぐずした時代」を数か月過ごしていた。行動を起こすのか起こさないのか、煮え切らない態度に彼は終始していた。一度脱出した故郷で親の厄介になることは、彼に気づまりをもたらした。彼の予感は、確実にやってくるウィーンの惨状を正確に告げていたが、故郷にいながら異邦人のように次の行き先に迷い、行動を先延ばしした。

その時、決定的な役割を果たしたのは、シュヴァルツヴァルト小学校の共同経営者ヘルマン・シュヴァルツヴァルトだった。かねてより率直な発言に敬意を抱いていた人物だった。その指摘が半ばまどろんだドラッカーの判断力を目覚めさせた。

「ウィーンにいたくないという君の気持ちは正しい。ウィーンは昨日の町だ。終わった町だ。出ていくと決めたらすぐ出ていきなさい。帰ってすぐ荷造りをしなさい。ロンドンに向かう汽車は明日の一二時だ。それに乗りなさい」。

ドラッカーがアウトサイダーであることをヘルマンは鋭敏に見抜いていた。ヘルマンはトラブルを買って出るために、「咬《か》みつき亀」の異名をとった役人であり、人が考えたくないことに気づき、あえて抉《えぐ》り出すタイプの知識人だった。的を射た刺激は、本来なすべき行動へと人を誘導する。ふたたび故郷を捨てなければならない。

むしろ彼は、故郷を捨てることでヨーロッパの変容を外から理解できると思った。目にしてきたドイツについて目をつむらずにいることを自己に課した。フランクフルト在住中執筆に着手した『経済人の終わり』の初期草稿を、彼は携えていた。ナチズムの背後にあるからくりは何だったのか、いまだわからないというのが素直なところだった。推敲を重ねていたが、結論は出しかねていた。その機はいまだ熟していなかった。

フリードバーグ商会の人々

一九三四年初頭、パリを経由してロンドンのヴィクトリア駅に降り立った彼の心は軽かった。大陸から逃れる口実に端を発していたが、省察には最適の場所だった。

父の友人リチャード・モーゼルの紹介を通じて、間もなくフリードバーグ商会に職を得た。商会は中心地シティにあった。エコノミストとして主にアメリカ株の取引業務に彼は携わることになった。上司や同僚の日常業務を丹念に観察する得がたい機会だった。生きた知恵の宝庫として、生き生きした領野へと彼を連れ戻した。

商会でさまざまな人々と彼はであい、時に異色の人物の奇言や奇行も目にした。日常の業務を介していろいろな人間模様が見えてくるので、退屈などしてはいられなかった。『傍観者の時代』には、印象的な人物スケッチが実に多い。社主のフリードバーグの一言がそこには記されている。

「君は本ばかり読んでいる。本を読んでいればエコノミストになれるかもしれない。しかし、マーチャント・バンクでは人間が相手だ。人間を観察しなさい」。

何気ない会話であったが、頭脳偏重の若者に対する親身の助言だった。一瞬にして、それまでの生き方や考え方が根本から揺さぶられた。頭の中で起こることと、現実で起こることとは常に異なる。理屈は後からいくらでもつく。むしろひたすら感覚を働かせて、一層見たり感じたりすることに彼は目を向けるようになった。

もう一人、ドラッカーの眼を惹いたのが、ユダヤ人の老投資家「ヘンリーおじさん」であった。高踏ぶったところなど、ヘンリーおじさんにはつゆほども見られなかった。庶民の知恵によって目を開かれた体験である。

「客が合理的でないと思ったら、外へ出て、外から、客の目で店と商品を見てみることだ。客のほうが合理的だということが、すぐわかるはずだ」(『傍観者の時代』)。

ピレネー山脈のこちら側では真理であっても、向こう側では誤りと見なされることがあるとパスカルは語っている。顧客には顧客の論理がある。学問に縛られてしまうと、事実そのものを見られない。同じ製品でも、供給者と顧客で意味は違うし、顧客の属性によって受け止め方は異なる。『現代の経営』(一九五四年)で有名な一文「事業とは顧客の創造」を想起させる記述である。

ロンドンでの一連の体験は、生きて働く彼の知性を根本から呼び覚ました。実践知が学知に匹敵する位置を与えられるようになった。学堂より現場に興味を示し、理論より実践に彼は意義を感じ始めた。リアリティは書物にではなく、働く人たちにあると考え始めた。少なくとも、学問を絶対視して人間社会を無視することも、理論を第一として現場を後回しにすることも危険だと見なすようになった。

バジョットへの敬意

ところで、生きた現実から直接学び取る方法を彼は「社会生態学」と呼んだことがある。社会生態学とは、自然生態学者が自然をありのままに観察するごとく、社会を全体からありのままに観察するアプローチである。

理論や分析よりも、観察と知覚によってドラッカーは人間社会をとらえようとした。そもそもドラッカーは社会生態学を科学の範疇《はんちゅう》でとらえていない。知覚から総体を取り扱うアートに似た体系としている。ドラッカーの言う知覚とは、全体からの意味の把握を表現しているが、必ずしも直観や直覚のようなもののみを意味するわけではない。その点には注意しておいてよいだろう。

社会生態学は突然ドラッカーの中に現れたものではない。とりわけ一九世紀のジャーナリストであるウォルター・バジョットの観察方法にそれは多くを負っている。

政治家・実務家として活動し、『エコノミスト』紙の編集長を務めていたバジョットは、現実に伴う変化を見極めようとする。その眼は、現実社会の内在的な論理が惹き起こすダイナミズムを見定めようとしていた。『イギリス憲政論』(一八六七年)にバジョットは印象的な見解を書きとめている。

「実体を見ると、書物に書かれていないものがたくさんある。なお実際をありのままにながめてみると、書物に書かれているような多くの明快な理論は、見当たらないのである」。

その見解は、ドラッカーの社会生態学にも寸分違わず当てはまる。知識人は、過去に体系化され書物の中にある知識はいつでも同じような形で取り出せると考える。しかし、バジョットにとって知とは本来不確かである。それらは状況の中で働かせるしかない。形式的な論理ではなく、状況の中で生きて働いているためである。観察し、変化の中心点を見極めることが肝要だとバジョットは考えていた。ドラッカーは、後年の論稿「ある社会生態学者の回想」（一九九二年）で彼への敬意を書きとめている。

「バジョットは、今の私と同じように、一つの大きな社会変革の時代を生きた。彼は、新しく生まれた公務員制度と内閣政治を民主主義の核ととらえ、銀行制度を経済の中心としてとらえた」。

産業革命以後、一九世紀には小規模ながらも生産組織が現れるようになった。一元的な市場原理とは別に、社会の必要に矛盾することのない慣習やルールが作られることをバジョットは指摘する。そのメカニズムを『ロンバード街』（一八七三年）で提示し、ロンドンの金融市場の観察から、「慣習のかたまり」に社会生態の中心を見定めている。

後に展開されるドラッカーの経営学が論理構築上の「捨象」を厳しく否定するのは、バジョットの触発によるものであろう。

アカデミック・ポストの探求

小学校時代から、彼は「教師観察」を好んで行ってきた。授業や講義に潜り込んでは教師を観察した。ほぼ生涯にわたる趣味であったようで、「私は教師観察を知的な楽しみとして推奨したい」と述べている。ドラッカーが語るロンドン時代のエピソードの一つに、一九三六年のケインズの講義がある。

ケンブリッジ大学でのケインズの講義は、学生数百人の大教室で行われた。ドラッカーは、人間社会への積極的肯定をその講義に感じることができなかった。ケインズと周囲の学生は、財と貨幣の話しかしていないようだった。生きた現実の説明能力をそれは喪失しているように見えた。やがて、経済学からは創造の力は生じないとドラッカーは思うようになった。

一九四六年秋号の『ヴァージニア・クォータリー・レヴュー』掲載論文「ケインズ　魔法のシステムとしての経済学」でも、「不合理な事象を合理的に説明する」として、その妥当性に疑問を呈する。ケインズの経済学は、その実、自由放任市場や階級を保持する政治的意図と一体化していて危険だとも述べている。ケインズに限らず、経済学のみで解決可能な問題などどこにもない。人間社会に経済的側面があるのは事実としても、目を向けるべき対象は人間社会の全体である。

ドラッカーは経済学者と呼ばれることを極度に嫌った。「経済学者と私との唯一合意を見る点は、私が経済学者ではないということだ」と彼は述べたことがあるが、生涯変わることのなかった主張である。「経済」を中心とする世界観の断固否定をそれは意味するだろう。

大学に大きな希望を持たなくなったとはいえ、アカデミック・ポストへの意欲は失っていなかった。フランクフルト時代の指導教授カルル・シュトループは、フランクフルト大学追放後、ドラッカーの将来に期待を寄せ、イギリスの大学でのポスト斡旋を試みた形跡がある。

「ドラッカー博士とは長年の付き合いである。当初、議論を兼ねて行った講義で、歴史を中心とする該博な知識と当意即妙の知性に驚かされた。私の国際法ゼミにも参加してもらった。ゼミは、高レベルの学生のみの参加が許される。国家試験合格者の法律家が定期的に行う会合でもある。厳しい環境で、講義（博士論文も執筆済み）と優れた議論への参加で、瞬く間に中心的地位を得るようになった。員外講師としても卓越した力を発揮した。〔略〕外国に行くのは残念だが、能力を受け入れてくれる研究機関があれば喜んで推薦したい」。

だが、イギリスの現実は生やさしいものではなく、無名の若者が推薦状一つでポストを得るのはやはり無理だった。並行して、一九三四年にはアメリカでのポスト獲得支援プログラムに応募した形跡もある。独力で大学の職を得る試みだったが、「フランクフルトで誰も名前を知らない」とのメンデルゾーン・バルトルディ教授のコメントが付され、不採用の返信が来た。ただし、ロンドンで広がった視野は、彼のアマチュアとしての眼力を鍛えていた。書く機会があれば逃さなかった。稼ぎながら生きる中でも、出版の機会があればエネルギーを注ぎ込んだ。学術ポスト獲得を一度脇に置くことになった代わりに、ささやかな執筆機会がいくつか彼のもとに舞い込んできた。

その一つとして、一九三六年、オーストリアの出版社グスールから『ドイツにおけるユダヤ人問題』を出版している。「愛と賞賛をこめて」とのエピグラフで父アドルフに捧げられている。反ユダヤ主義は一九世紀からあったが、ドイツのユダヤ人迫害について通例と異なる主張がなされている。ヨーロッパの主要国イギリス、フランス、ドイツのユダヤ人問題を比較し、他の二か国よりかえってドイツでは反ユダヤ主義は控えめだったという。ただし、ドイツのユダヤ人は経済的に成功を収めた割合が高く、経済主体として突出したために、ナチスは彼らを分離し、ゲットーに追い込み、迫害したと推論されている。一般的現象というより、それはドイツの特殊事情であって、そこをきちんと見ないと問題の本質を見誤ると注意を喚起している。「ユダヤ人はナチスという水車小屋を回転させる「水流」に過ぎなかった」とはその象徴的な文言であるが、渡米後の第一作『経済人の終わり』でも重視される主張の一つだった。『ドイツにおけるユダヤ人問題』もまた、ナチスの焚書リストに載ることになった。

もう一つ、英語で書かれた初の論稿「ドイツ　最後の四年間」がある。イギリス銀行機関紙『ザ・バンカー』特集記事によるナチスを告発するレポートだった。亡命者だったこともあり、共同ペンネーム「ゲルマニカス」を彼は用いた。ドイツ時代の著作がナチスに焚書されていたことからも、亡命先での刊行物の取り扱いにはいっそう慎重を期したと見るべきだろう。「国家社会主義の帰結についての独立研究」との副題が付されて、一九三七年二月に出版された。

経済的破綻を覆い隠すためにナチスが採用した国家管理政策を、彼は詳細にレポートしている。その執筆担当の一部「新聞」では、ナチスの新聞社再編と購読の圧迫が記されている。「新聞社再編成の後、非常事態令のもとで干渉を受けた時、もはや維持は不可能となった。自称「民衆の味方」は、一軒一軒、強要と脅迫を用いて、購読者獲得に奔走した。一家の主人がナチス系機関紙を購読しなければ職場を追われるというのが殺し文句だった。この方法はあまりに無差別に適用されたため、労働市場で健全性を維持する企業にとってナチスはこの上なく危険な存在となった」。

ドイツの新聞社での体験から書かれたものであろう。心の底にあるわだかまりとともに実情を抉り出してレポートしている。抽象的な問題ではなく、抜き差しならぬ日常の現実であったために、海を隔てた読者にも一種の肌感覚を伴う警告となっている。

こちらもドイツでは出版からわずか二週間で発禁処分となった。それでも『ザ・バンカー』

は一九四〇年になってもドイツ経済特集を継続し、ナチスへの対決姿勢を崩さなかった。

日本美術とのであい

であいとは望んで求めることのできるものではない。実存に触れるであいは、心の動きに敏感な人には訪れるが、そうでない人に訪れるとは限らない。あの時、あの人にであわなかったら、あの時あの場所を訪れていなかったらという「星の時間」(ツヴァイク)である。

二四歳の彼が遭遇したのは、すべてを一変させる力を持つ瞬間だった。後々まで、本来の自分に目覚めて、自己を発見したその瞬間への追憶を彼は語っている。

まさに「歩いている」時にそれは起こった。日本美術との偶然のであいがそれだった。一九三四年六月、仕事帰りに雨を避けるために立ち寄ったバーリントン・アーケードでの出来事であった。

「私は投資銀行に勤務していた。イギリスでは稀にしかないくらいに、さわやかに晴れた午後だった。土曜日は昼で上がりだった。自宅のあるハムステッドからシティはかなりの距離がある。ちょうど中間のピカデリー・サーカスのあたりで打って変わって激しい雨になった。目についたバーリントン・アーケードにあわただしく駆け込むと、王室アカデミーの年次展覧会が開かれていた。日本政府がヨーロッパに出品した最初の日本美術展だった。以来、私は日本美術にとりつかれている」。

内面の変化を彼ははっきりと感じた。心の奥底に知らない風景が横たわっていて、そこに向けて何らかのメッセージが送られてきた。いつの間にか、描かれた一人になっていくようだった。感情の昂揚とともに、ドイツで受けてきた心の傷を癒す神秘の力を感じないわけにはいかなかった。その不思議な作品は見たこともない新しい風景へと誘っていた。前には見えず、聞こえなかったことが、見えてきて、聞こえてきた。知覚の飛躍をそこに認めることができる。「それは私にとって新たな美の宇宙だった。それのみか、私自身の内面がそこにあった。幽かながらも真実の意識の営みがあった」(『ドラッカー・コレクション　水墨画名作展』)。

以来彼は日本美術に限りない愛着を示すようになる。西洋の美術と異なり、リアリティがはっきりと明晰に描かれてはいなかったし、何より焦《あせ》りがなかった。大切な何かをそれは問いかけていた。ハンブルク時代のキルケゴール体験に匹敵する経験だった。後に本人は「正気を取り戻し、世界への視野を正すために日本画を見る」と語っている。美術鑑賞というよりも、日常生活の埋没からの実存の救出であり、ほとんど宗教的なカテゴリーに属する体験であった。その縁から、日本の歴史にも彼は自然に心を開くようになった。

ドリス・シュミットと結婚

ロンドン時代ではドリス・シュミットとの結婚を特筆すべきだろう。二人はフランクフルト大学時代、シュトループのゼミで知り合っていた。

一九一一年六月一四日にドリスはドイツのケルンで生まれた。父はユダヤ系の織物商、母は東プロシア出身の学校教師だった。母は厳しい人で、娘には成功への脅迫観念を植え付け、ロスチャイルド級の人物との結婚を要求した。後に「ラジウムを発明しなければ、髪の毛を引っこ抜いてやるからね」という母の口癖を彼女が自伝のタイトルに与えたのはその背景があってのことである。

幼少期から文学、音楽、スポーツに彼女は興味を寄せた。母からは法律を学ぶように強要されたが、後に「ユダヤ人の先祖のために、法律家になることは許されなかっただろう」と彼女は回想する。

ドリスの転学歴には持ち前の旺盛な好奇心が見える。ロンドン・スクール・オブ・エコノミクスに進学し、ジョーン・ロビンソンやライオネル・ロビンズ、ハロルド・ラスキらの講義を彼女は受けている。フランスではソルボンヌ大学やキール大学で学び、パリでのボヘミアン生活も送った。フランクフルト大学に移り、法律と行政学を専攻したが、やはり関心は保てなかった。

ふたたびフランクフルト大学に戻った折、国際法のゼミで助手だったドラッカーとであう。ドリスの記憶によれば、ドラッカーは特別な異性ではなかった。その後、オランダの船会社勤務のためにドラッカーとの接触は途絶えた。ドラッカーがイギリスに渡った一九三三年、ドリスもまたロンドンで市場調査に携わっており、ピカデリーの長い地下鉄エレベーターで偶然再会を果たした。ドラッカーは「新聞社の仕事を失い、今は投資銀行のエコノミストとして働いている」とドリスに話した。

二人は四年の交際を経て、一九三七年一月一六日に結婚し、ロンドン市街ハムステッドのアッパー・パーク・ロードに住まいを構えた。ドラッカーは二七歳、ドリスは二五歳だった。ドリスもまた亡命者だった。「ドイツから引き剝がされた」経験は二人の共通語となっていた。夫に引けを取らないほどにドリスはナチスを嫌悪していた。「ナチスを生んだドイツには二度と帰らない」と公言し、渡米後も子供たちにさえドイツ時代を語らなかった。「苦しみを子供たちに押し付けたくなかったのだろう」と長女キャサリンは後年述懐している。

結婚を決めた時点で二人はアメリカ移住を話し合い始めた。イギリスでの仕事や生活を捨てる決断が容易でなかったのは間違いない。だが、結婚の年一九三七年は、ナチスがヨーロッパ全土に魔手を伸ばす前夜だった。一九三〇年代イギリスは不況のさなかで、失業率は一〇％を超えていた。覚悟を要したが、同年二人はヨーロッパを後にし、以後、戻ることはなかった。

アメリカ入国時の妻ドリスの査証(The Drucker Institute at Claremont Graduate University 提供)

夫妻はウィーンに一時渡航し、近親者の亡命の説得にあたった。父母の身も危なかった。父アドルフは不穏分子としてブラックリストにその名があった。形式上はオーストリアが要請した形で独墺合邦が行われたのは一九三八年三月一三日である。ようやく父母がウィーンを離れたのはその直前だった。

渡米後、ドリスはいくつもの職業に就いた。ロンドン時代から生計の必要から自活しており、結婚後もマークス&スペンサーで消費調査の業務に携わった。

一九六三年にはニュージャージー州のフェアリー・ディキンソン大学で女性初の物理学修士号を取得した。八二歳の時、彼女はヴィジヴォックスなる電気装置を発明している。声の大きさをコントロールする難聴者のための装置である。夫の講演を傍聴し、声が小さくなるたびに部屋の後ろから大声を出していたことがきっかけだった。言語療法士が話し手の音域をモニタリングするために使用された。

一九八五年に刊行されたドラッカーの著作『イノベーションと企業家精神』は「イノベータ

ーであり企業家である妻ドリス」に捧げられている。

第2節　新天地アメリカ

渡　米

組織と企業が中心のアメリカの社会文化は、著作やコンサルティングをはじめとする生業の機会をドラッカーにもたらした。一九六八年三月の『サイコロジー・トゥデイ』のインタヴューで、何をしたいのか、何を求めているのかを新天地アメリカに来てから知ったと語っている。「中心が崩れつつあるヨーロッパと違い、アメリカは中心がしっかりしていた。アメリカではコミュニティが健全だった」。

故郷にとどまることは、ある種の人にとっては心の安らぎかもしれない。しかし、ドラッカーはそのタイプの人間ではなかった。よりどころを見出せたなら、いつしかそこが新しい故郷になった。つどふさわしい生き方を発明するのとそれは同義だった。故郷は土地以上に、精神にあった。

アメリカには社会生態の好条件も整っていた。新天地で何を見るべきか、何をなすべきかという、すぐれて主体的な問いかけが彼の心中に芽生えつつあった。ヨーロッパに失望していた

渡米後間もない頃のドラッカー(The Drucker Institute at Claremont Graduate University 提供)

彼は、困窮した人々が自然に助け合う様子に目を開かれた。風通しの良い自由さに溢れていた。見知らぬ人々がドラッカー夫妻にも手を差し伸べてくれた。市井の人々の口から出る言葉や、示されるさりげない行動に彼らは感動を覚えた。

ニューヨークは移民で溢れ返り、騒然としていた。一九三八年に長女キャサリンが誕生した時、一家の生活は想像以上に苦しかった。どのような生活だったか、二〇一六年に刊行された小説『言葉にできないこと』のインタヴューで、キャサリンは家族生活をこう述べている。

「両親は完全な貧困状態にあった。家族はじゃがいもで何とかしのいでいた。母は職業を得たが、父は仕事が見つからず、母が家計を支えた。父は必死だった。視力が弱かったため、タクシーの運転手にもなれず、ドイツ訛《なま》りが強かったので他の仕事にも就けなかった」。

移民家族の不安定な生活が浮かび上がる。新聞社や金融機関での勤務経験、あるいは博士号を持っていたとしても、即座に家計の足しになるわけではない。他の多くの移民と同様にやりくりしなければならなかった。一九三三年から四四年までに約二万五〇〇〇の知識人がヨーロッパからアメリカに亡命したと言われている。トーマス・マン、ハンス・ケルゼン等彼と比較的近しい知識人も含まれていたが、さしたる知名度を持たないドラッカーにとって職業を得ることは容易とは言えなかった。

ここでも一つの社会文化を肌身で知るには、汗と労苦にまみれなければならない。アメリカをホームグラウンドと決めた彼にとって、できることで勝負していくしかなかった。

記事の売り込み

一九三〇年代アメリカは、ジャーナリズムが発達し、大衆社会化が展開した時期であった。そうした中、文筆で生計を立てていこうとしていた彼が記事の売り込みから始めたのは、自然のなりゆきだった。

ナチスの異常性と脅威をアメリカに訴える言論が、彼に生活の資をもたらした。地元新聞社をいくつか訪れた。新聞社は彼の提案を検討し、見本原稿の提出を求めた。紹介状なしで『ポスト』のバーネット・ノーヴァーを訪ねた。発行人のユージン・マイヤーと即日で面談し、二本の記事の前金を手に入れた。『ハーパーズ』編集者フレデリック・アレンや『サタデイ・イヴニング・ポスト』のマーティン・リアーズとも会い、記事掲載の約束を取り付けた。

それを機に、ドラッカーの交際範囲は急速に拡大していった。一九四〇年代初頭には、ヘンリー・ルース、ジョン・L・ルイス、ヘンリー・ウォラス、ヘンリー・ホプキンス、ハーバート・エイガー、バクミンスター・フラー、マーシャル・マクルーハン等との交友関係も広げ、協力して仕事をすることもあった。

一九四一年、『ヴァージニア・クォータリー・レヴュー』掲載の政治評論「プロシア軍はどうなったか」は、『シュタール』以来の本格論文として世に出た。ナチス台頭までのドイツでは、プロシア軍が国家社会の倫理的正統性を担っていたと彼は主張する。軍事的機能以上に、それは理念のよりどころとして力を持ってきたが、ナチスによって正統性もろともに一掃されたとの論旨である。

ドイツにとって喫緊の課題は、新しい時代にふさわしい正統性を見出し、それを社会権力の中心に据えることだった。しかし、ナチスによる全体主義化がそれを妨げた。ドイツ滞在時、ドラッカーは保守主義を対抗的思想として打ち出そうとしたが、それに失敗している。彼ばかりでなく、ドイツの知識人はナチスに対して有効な抵抗を組織できなかった。ある者は便乗し、ある者は屈服し、国外追放・亡命を余儀なくされ、またある者は殺害された。

当時の彼にとって、ヨーロッパこそが血の代償をもって贖《あがな》われた教材でなければならなかった。ヨーロッパの現実を知ることは平均的アメリカ人にとっても意味のあることであるはずだったし、現に世間の要求も高かった。

執筆とともに、地方を鉄道で巡りながら、ヨーロッパ情勢の講演も彼は進んで行った。もちろん、たんなる生活費の獲得にとどまるものではなく、現実の生活者に触れる貴重な機会だった。「国を知る上で講演旅行に勝るものはない」と彼は語っている。小規模な単科大学や大学町に魅力を感じ、ニューオリンズ、ジャクソンヴィル、アイオワ、ノースダコタ等を訪れ、年間五〇―六〇回の講演を行っている。アメリカの若者は外国の話に飢え、人なつこく親切だった。多くの時間とエネルギーを使い、彼は自由の国を見て回った。友や知己をそこで得て、大いに力づけられた。

『経済人の終わり』（一九三九年）

その間もナチズムの正体を解明しようと彼は呻吟《しんぎん》していた。ドラッカーには出版計画があった。ロンドン、ニューヨークへの移転で改稿が繰り返され、「政治の書」として一九三二年以来温めてきた『経済人の終わり』である。アメリカに渡ってようやく、労働者やメディア人、学生たちと交わることで公にする覚悟ができてきた。著作は一九三九年にニューヨークのジョン・デイとロンドンのウィリアム・ハイネマンから出版された。アメリカ社会の生きた現実に触れ、比較対象を得たことで説明力は飛躍的に高まった。

「ナチズムの起源とヨーロッパの自由主義的・人文主義的伝統の衰退を分析する試み」と彼は自著を説明する。最も早期にナチス隆盛の起源に論及した著作でもある。一九六九年版序文でドラッカーはハンナ・アレントを引き合いに出し、実際上最初のナチズム分析であったのが自著であると強調し、いささかの自負をにじませている。

「アレントは、一九五一年に『全体主義の起原』を発表した。思想史として傑出した著作であり、感動的とさえいえるものである。しかしそれは、もっぱらドイツ古典哲学の形而上的体系の衰退と崩壊を中心に論じたものであって、著しく非政治的であり、反政治的でさえあった。アレントはヨーロッパ、特にドイツの知識人の最大の弱みとして、現実の社会および政府に対する軽侮の念と、権力および政治過程に対する無関心を指摘した。だが、アレントも、自身が指摘する傾向の例外ではなかった」。

『経済人の終わり』が扱うのは、社会をささえる理念を担う二つの人間類型と、それらの間の断絶である。

一つは「経済人」である。経済人は、一九世紀的な進歩史観の産物であり、ダーウィンやニュートンの科学万能やマルクス社会主義、資本主義の系譜に属する。アダム・スミス的な自由競争とも通じる。経済人は、経済を中心に世を合理化する意欲を持ち、経済から離れた世界をそもそも認めない。しかし、二〇世紀初頭の時代転換によって経済人は現実感を喪失したと彼は見た。結果として、ヨーロッパは価値・倫理上の精神的真空に覆われるようになった。新しい時代にふさわしい人間観は何ら提供されず、宗教の伝統もほとんど意味を持たなくなっていた。教会は、プロテスタントもカトリックもナチズムに魂を売り渡さなければ組織を守れなくなっていた。

真空を暴力的に埋めようとしてきたのが、ナチスであった。本書においてそれは、もう一つの人間類型「英雄人」として提示される。

ナチス台頭の原因は、ヒトラーという悪魔的天才や、ゲッベルス等の人間心理の襞《ひだ》に入り込む宣伝活動に帰せられることがあまりにも多い。そうではなく、経済人という精神的よりどころを喪失し、空白と化した状況を埋める社会革命運動を大衆が渇望したのである。それを読み解く鍵となるのが「大衆の絶望」である。絶望した大衆に代わりを与えれば、たちまち熱狂的支持を得るのに不思議はない。虚偽や幻であったとしても、何もないよりはるかにましだからである。

むしろ絶望した大衆に、自由は重荷である。ナチスは社会秩序を強引に再編し、人々から自由を奪い、画一化した。知識人や特権階級は追放され、ユダヤ人は経済人の象徴として抹殺された。それこそが、絶望した大衆の要求するものだった。

ところで、「ドイツとソ連は近い将来手を組む可能性がある」との指摘が『経済人の終わり』には見られる。その主張が公にされたのは、現実の独ソ不可侵条約締結に先立つことわずか約半年前である。こうしてドラッカーはナチズムとスターリニズムを同系に位置づけて見せるわけであるが、その意図は、二つの体制の特徴が暴力的一元性にあるということであった。独ソは、一元的イデオロギーで武装された「双生児」国家としての巨大な構造を共有しており、ともに自由を抑圧し、他国を侵略するのに何らの不思議もなかった。事実、『経済人の終わり』刊行後間もなく第二次大戦が勃発している。

多くの知識人たちがこれらの事象を目撃したが、彼らは真の意味を悟りえなかった。アウトサイダーが、同時代人とは別の風景を見出したのである。ジョージ・オーウェルは、評論「ナショナリズムについての覚書」(一九四五年)の原注で『経済人の終わり』を次のように評価する。「ピーター・ドラッカーをはじめ二、三の保守的評論家は独ソの協定を予言したが、彼らが期待したのは影響的な同盟あるいは合併であった。マルクシストをはじめ他の左翼作家のなかには、一人として「協定」の気配を察したものさえいなかった」。

オーウェルだけでなく、E・H・カー『危機の二十年』(一九三九年)、フリードリヒ・ハイエク『隷属への道』(一九四四年)にもドラッカーへの言及が見えるが、とりわけ『タイムズ・リテラリー・サプリメント』紙(一九三九年五月二七日)に「読み手の頭脳を刺激する本」の記事を寄せたウィンストン・チャーチルの評価はよく知られている。一九四〇年に首相に就任したチャーチルは『経済人の終わり』をイギリス士官学校の卒業記念書籍に加えるよう指示したとも言われている。

その一作をもってドラッカーは論壇の寵児となった。二九歳、そこに至るまでに久しく無名の時代を経ていた。

雑誌王ヘンリー・ルース

後年の雑誌インタヴューで、「自らの身を置くべき世界がおぼろげながら見えてきたのは三〇歳を過ぎた頃だった」とドラッカーは述べている。

『フォーチュン』誌一〇周年記念号編集コンサルタント招聘《しょうへい》は、『経済人の終わり』出版がドラッカーにもたらした副産物の一つである。『タイム』『ライフ』誌の創刊者ヘンリー・ルースはグループ・ジャーナリズムの提唱で知られる。執筆者と編集者の垣根を取り払い、チームワークにもとづく編集作業を実践した。『フォーチュン』誌は、後にダニエル・ベルやアルビン・トフラー、ケネス・ガルブレイス等の優れた論者も輩出した。

ヘンリー・ルース
(1898–1967)

一度は『フォーチュン』の特集に協力し任務を果たしたが、ルースから専任編集者の厚遇を打診されるもドラッカーは辞退している。グループ・ジャーナリズムは彼の肌に合わなかった。真のプロとは、個人としての責任を負う人である。カール・クラウスが個人誌『ファッケル』で、ウォルター・バジョットが『エコノミスト』で貫いた態度がそれだった。

各部門が分離・専門化した画一的なアプローチは、大量生産・大量流通を目指す人々にとっては魅力に富む一方、ドラッカーにとっては制約にほかならなかった。グループ・ジャーナリズムは、エディターシップというより、いわば規定通りの手続きを持つ生産システムにしか見えなかった。

「自分の力でやっていく決心がついた」との理由で、ドラッカーは高給オファーを二度断っている。「私は官僚的機構の歯車としてうまく機能することも、そのことに幸福を感じることもできなかった」とのコメントからも必然の決断だったことが分かる。加えてルースは、一九三六年九月号の『タイム』日本特集で知られるように、大の日本嫌いでもあった。アジアでは蔣介石《しょうかいせき》と密な交流を維持し、チャイナ・ロビーとしても彼を支援していた。ドラッカーがルースの前から姿を消したのには、そのような国際情勢の見解の相違も大きく関係していたはずである。

『経済人の終わり』はもう一つ、教職獲得の副産物をもたらした。後のドラッカーの職業形成を見るうえで、大きな機会であった。大学の教壇は、個々の体験内容から離れた、普遍化の実験室に適していた。後にコンサルティングが加わり、執筆、教職との職業的三位一体を形成することになった。

その意味で、サラ・ローレンス・カレッジからの非常勤講師のオファーは何より歓迎すべきものだった。見て考えたことを煮詰めて表現するためには、ふさわしい対話の場が必要である。他者の視点から評価され、客観視できるようにならなくてはならない。教えることを通して対話し、学ぶ場として、教室にまさるものはなかった。

学長のコンスタンス・ウォーレンはリベラルアーツの教員を求めていた。一九四〇年六月二七日、ヴァージニア大学のハーディ・ディラード教授に、ドラッカーの教職就任可能性を尋ねている。返信でディラードはその適性を伝え、機知とユーモアを賞賛したうえで出版関係者からの高評価にも触れている。実務上の評価は、ドラッカーの講義が机上の空論でないことを予期させたはずである。カレッジにとって現実を語る心構えのできている教師は、学生を精神的に成熟した大人に導く必要条件だった。ドラッカーに冷笑癖や虚無性がない点も、ウォーレンはまた評価している。それがサラ・ローレンス・カレッジの求めていた人物像にほかならなかった。

ベニントン・カレッジ時代

最悪の世界情勢の中、ドラッカーは比較的穏やかな環境にいた。一九四二年、ヴァーセント州のベニントン・カレッジ専任教授となり、アメリカ政治、歴史、文学、宗教、経済学、政治理論、哲学、経営学等何でも教えた。一九四五年まで政治哲学教授として大学に留まった。

居を構えたヴァーモント州モントクレアは美しく、「人生の黄金時代だった」と彼は回顧する。確かにそこは故郷のわが家にいるような安らぎを彼に与えた。ヨーロッパは色褪せた存在としていっそう後方に退いた。

学長のルイス・ウェブスター・ジョーンズはそうそうたる教師陣を招いていた。モダンダンスのマーサ・グレアム、『自由からの逃走』(一九四一年)で知られる社会心理学者エーリッヒ・フロム、建築のリチャード・ノイトラ、ダンテ研究のフランシス・ファーガソン、陶芸のヘルタ・モセルジオが在籍し、知的刺激に事欠かなかった。旧知の経済人類学者カール・ポラニーも同僚の一人に加わった。

講義や指導でドラッカーは、文学専攻以外の学生に詩や短編小説の執筆を勧めている。表現の技能を身に付けるのみならず、自己とは何かを知るうえで文学にまさる教材はなかった。日々書かずにいられなくする教育を彼は行おうとした。

さらに学生には複数専攻を同時履修するよう促し、あえて関心のない分野にも目を向けるよう仕向けた。新入生が語学専攻を希望するなら、美術専攻を勧めもした。挑戦することで、自己を広げるためだった。少なくとも、「適性がなかった」一事を知るだけでも貴重な情報となるはずだった。学生が三〇歳を超えた時、その可能性を幅広いものにできるよう、彼は細心の配慮を払った。

学生たちとも彼は好んで対話した。女子学生エリザベス・トゥーピンは、ドラッカーの論文指導で受けた「誰かが当たり前だと言うなら、それは当たり前ではない」という助言を記憶している。自分にとって当たり前なことは、自分がそう受け取っているだけである。逆に他人が当たり前だと言っても、自分がそう思うとは限らない。現実とは常に個別的である。狭い自分の世界を覆すことで、新しい視点が拓けてくることもある。

革張りの書物に閉じ込められた知識ではなく、生きて働く知識を彼は教えようとした。生命の営みを結び合わせ、新しい何かを生み出す助力が、彼にとって教師の使命にほかならなかった。このように、ベニントン・カレッジの若者の道添えを試みたのである。

世に出る若者が自分に問うべきは、「自分は何をしたらよいかではなく、自分を使って何をしたいか」だと、一九六九年の著作『断絶の時代』でドラッカーは述べている。職業選択は実存に関わり、それは外から強いられるものではない。内部から見出すものである。指導学生に対しては、「つべこべ言わず、まずは社会に出てみるように」と常々彼は勧めていた。まずは仕事を持ち、自分を用いてみることだった。既成概念にとらわれて動けなくなる前に、社会を最高の教師とすることを推奨した。

『産業人の未来』(一九四二年)

誰に宛てて書くかによって、書物の論述の仕方は大きく変わってくる。ドラッカーの初期政治著作は、自由社会を擁護しようとする人々に宛てて書かれており、したがって、全体主義とマルクス主義への強烈な批判が基調になっている。そのような厳しいトーンの叙述は、初期の著作にしか見られない特徴である。一九四二年に出版された『産業人の未来』は、厳しいナチズム批判を包含する「闘争の書」ともなっている。

ドラッカーにとって、人間社会とは生身の現実である。普遍的、集合的ではなく、個別的、実存的である。しかし、マルクス主義やナチズムにおいて、究極的には個人などない。個人はたんなる観念に過ぎない。観念であればその暴力的な排除・否定はたやすいことであろうが、生身の現実である人間社会を蔑ろにする勢力など受け入れられるはずがない。

しかし、全体主義の暴虐を非難するだけでは、自由な社会を守り抜くことはできない。全体主義を生んだ精神的真空の内部で、「新しい人間観」を見定める試みを必須とする。そうであるならば、ナチスへの抵抗も新しい人間観との関わりで論じられなければ意味をなさない。彼が心に懸けたのは、ナチス後の新秩序の模索である。

「全体主義の革命が、新しい秩序の始まりを意味するわけではない。それは旧い秩序が崩壊した結果に過ぎない。それは奇跡ではない。新しい秩序、新しい人間観が現れたら最後、たちまちにして消える蜃気楼である」。

理念的人間像を喪失すると、ただ社会は空転するだけになる。その意味で、ナチスは正統性を持たない捏造品である。彼はナチズムが人間の実存的渇きが癒されることのないイデオロギーであるところに、根本的弱点を見出している。

ナチズムが倒れても、自動的に自由社会が回復するわけではないから、現代に妥当する新しい人間観をラディカルに見出そうとする行動が並行的に行われなければならないが、誰も新たな人間観を説得的には語れなかった。それでも、一種の予期が彼にはあった。

ドイツにおけるプロシア軍と同様に、世の必要を満たし、社会からの負託に応え、そこに関わる人々に自由と市民性を与える理念の培養器。すなわち、企業およびそこで働く人々「産業人」が、まさに「新しい秩序、新しい人間」にほかならないのではないか——。

実際に国家と社会の活動を実践し支えているのは、企業で働く人々である。産業社会の担い手は働く人間であり、組織を通して生産活動を行うことに彼らは生きる意味を託している。組織を介して、個人は社会との調和を手にする。

自由社会の正統性が集約された、中心的な重さを持つ「機関」。ドラッカーは企業をそのように見るようになっていた。ただし、状況証拠にもとづく予期に過ぎず、この言明はとりあえず信頼できそうな相手にパスを出すのに似ていた。注目すべきは、三二歳の青年に過ぎなかった彼が、一九四二年時点で本書を公にした、その確たる態度である。こうでしかありえない、こうあるべき、という覚悟が本書からは読み取れる。

GMの内部観察

総力戦進行下の一九四三年七月二九日、亡命生活を終え、ついにドラッカーはアメリカ国籍を取得した。ベニントン・カレッジ勤務のかたわら新聞・雑誌に寄稿し、一時は経済戦争委員会で国際経済政策を助言する非常勤職員も務めた。軍需品生産企業の経営再建にも陸軍省コンサルタントとして従事した。

その時期彼は、ワシントンD.C.の軍用に改装されたアパートメントで、泊まり込みの激務の中にあった。巨大な官僚機構で働くのは、心楽しむものではなかった。しばしばフリーア美術館を訪れ、東洋美術コレクションの鑑賞に一時の安逸を見出していた。四日のうち仕事は一日、残りの三日は日本美術鑑賞に充てていた。そのとき何気なく見ていた作品は、ほぼ室町時代の水墨の山水画だった。学芸員の指摘でそのことに気づかされたと後年書きとめている。

後のウォーレン・ベニスによるインタヴューで、『産業人の未来』を執筆する中、われわれが組織の社会に暮らしていると実感するに至ったとドラッカーは語っている。同時に、組織について知らなければならないにもかかわらず、当時は企業の現場について何も知らなかったとも付け加えている。そこが最大の弱点だった。

ドラッカーは、フリーランス経験を持ち、新聞社、金融等の小規模事業に関与したが、大企業経験は皆無だったため、自由企業体制を過度に理想化し、偏った解釈に陥る危険があると自覚していた。産業社会の中心をなすと彼がみなす大企業に、あたかも未踏の地に「分け入っていく」ごとき実地調査の必要を切実に感じていた。

一九四三年、多数の大企業に手当たり次第に書状を送付し、調査研究の受け入れを彼は依頼した。依頼状には大企業の組織、ガバナンス、手法、方針の内部調査についての要望が認められていたが、好意的な返事は得られなかった。返信さえほとんど手にできなかった。

『産業人の未来』を読んだゼネラル・モーターズ(GM)広報担当副社長ポール・ギャレットの電話によって救いはもたらされた。GMの副会長ドナルドソン・ブラウンとの面会が実現したためである。週二、三日、二年間にわたる調査が、大学と同等の報酬で許された。

後に明らかになるところでは、ブラウンが押し切った結果であり、GMの名経営者と謳われたアルフレッド・スローンをはじめとする経営陣は、ドラッカーの受け入れに前向きではなかった。事実、調査中には、経営幹部の冷たい視線を肌に感じることになった。

一九二〇年代、GMは事業部制を導入し、キャデラック、シボレー、ポンティアック等の各事業部に最大限の独立と責任を与えた。中央組織による監視機能等、権限移譲と統制のバランスを取る仕組みも構築した。ファクト・ベースの業績評価が徹底され、経営の効率性と成果を評価する体制は整っていた。コーポレート・ガバナンスはすでに一定の完成を見ていた。スローンは後の著書『GMとともに』(一九六三年)で、権限の分散と集中を均衡させる経営原理を強調している。それがGMのみならず、アメリカ産業界の基本的な方針であった。

ドラッカーの目には、アメリカ建国の理念とGMの方針は重なって見えた。産業組織以上に、新しい秩序形成を可能とする一種の疑似政治システムだった。後の目標管理や分権制、マネジメント・スコアカード等経営に関わる着想を、彼はそこから得ている。

『企業とは何か』(一九四六年)

一年半のGM調査で目にした多くの事柄をもとに、ドラッカーは『企業とは何か』(一九四六年)を刊行した。GMの組織は複雑なため、局所的で個別的な現象は記述されておらず、むしろ他の産業組織にも妥当する、組織の基本枠組みが開示されている。

GMへの批判的見解や福利厚生の充実のみならず、権限委譲の提言にまで踏み込んでいる。だが、スポンサーのGMを含む多くにとって、それは早計かつ粗雑に見えた。GM労組が一三日間のストに突入し、経営上の課題を抱えていた時期と重なり、神経を尖らせていたこともあるだろう。端的に言ってそれは「大きなお世話」以上の何ものでもなかった。

それまでにであった優れたリーダーとして、ドラッカーはGMのアルフレッド・スローン、大戦時の米軍参謀総長ジョージ・マーシャルを挙げるが、彼の観察によれば、スローンでさえ、企業の社会的責任を理解しなかった。「人が作ったものは二五年以上有効であることはあり得ない」とのドラッカーの発言も、GM経営陣の拒否反応を引き起こした。

スローンはじめ経営幹部にとって、企業の責任はどこまでも業績にあった。従業員の参画拡大は言うに及ばず、企業を社会と結びつけることは逸脱であり、権限の濫用にほかならなかった。「あたかも盲腸の摘出の仕方を医学生に見せるために、健康な盲腸を摘出するようなものだ」とのスローンの苦言を、後にドラッカーは特記している。調査と出版の結果として、GMの幹部たちの間で『企業とは何か』はほぼタブーとなった。スローンは『GMとともに』でも、ドラッカーの著作に一切言及してはいない。

ドラッカーからすれば、業績のみで企業の責任は履行されない。企業には、顧客をはじめとする外の社会との協働が不可欠である。社会の要請に、敏感かつ柔軟に自己変革しなければならない。企業が社会で生きていくとは、つまるところそのようなことである。

学界との関係でもドラッカーの著作は、さまざまな反応と評価

アルフレッド・スローン(1875–1966)

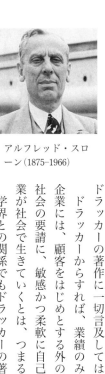

を受け、さまざまな形で誤解されている。確かに、ドラッカーは企業について何か新しいことを言っていると思われていた。だが、控えめに言ってそれは「角の立つ」研究だった。当時、アメリカ政治学協会の政治学理論研究委員会の委員に彼は就いていたものの、政治学研究者からは、企業とは果たして学者がまともに取り組むべき対象かとの疑問が呈された。企業研究への傾倒は、将来の学問的展望を保証しないと同僚たちの目には映った。ベニントン・カレッジ学長ルイス・ジョーンズでさえ、学界での活躍の道が絶たれかねないと彼に警告している。

しかし、心は決まっていた。確かにGM幹部たちの反応は多少の悔恨を残したが、むしろ自らのなしつつあることに使命感を覚えるようになっていた。その決意を梃子《てこ》に、以後はマネジメントの体系化へと彼は向かう。

インターミッション② 『傍観者の時代』の危うい筆法——カール・ポラニー

父に勧められて、カール・ポラニーと親しく交際するようになったのは、一九二七年だった。ドラッカーは一七歳でギムナジウムの学生、ポラニーは四三歳で『オーストリアン・エコノミスト』副編集長だった。

ニューヨークに渡った一九三七年、ドラッカーは、ポラニーのアメリカ亡命、定住、就職に手を貸した。家族ぐるみの親交も深めたし、著作執筆の相談相手となった。ベニントン・カレッジでは同僚となった。二人は議論を重ねたが、それぞれ独自の解釈と生き方を選んだ。ドラッカーはポラニーとは別の方法で社会問題に取り組んだ。普遍は追求せず、アメリカの産業社会の生きた現実に目をとめて、観察から得た素材を寄せ集め、折衷的に自説を練り上げた。

他方、『大転換』（一九四四年）の謝辞でポラニーは、著作の主要部分はイギリスで書かれたものと述べ、ドラッカー夫妻の激励に謝意は表しているが、内容への貢献には触れていない。アプローチ上の共通点があれば、より意味のある交流が二人の間に生まれたかもしれない。

ところで、ドラッカーの内面生活を知る著作に『傍観者の時代』（一九七八年）がある。ウィーンでの青春から第二次大戦終結までの境遇をユーモアに満ちた回想で綴る中で、ポラニー一家には一章が割かれている。ドラッカーの側からのポラニーを知る上でほぼ唯一の情報源と言えるが、信憑性は低い。なぜなら、同書はドラッカーの経験を事実に即して叙述したものというより、ある種の「虚構化」がなされているためである。

ドラッカーの著作は、学術的な正確性の観点から批判にさらされてきた。確かに事実との乖離や誤った記述は、信頼性や信憑性を損なうが、確かなのはドラッカーの側に学術にふさわしい作法を採用する意思がなかったことである。それにとどまらず、時に変形や誇張を行い、事実と異なる記述を混入させた形跡がある。

経済人類学者の栗本慎一郎は、著書『ブダペスト物語』で、『傍観者の時代』におけるポラニー家の関連人物や、兄弟、親戚に関する事実誤認を指摘している。例えばポラニー家の長男オットーをイタリアのフィアット社設立者としており、ポランニー家のシュトリッケル・ジョルジは出版社に疑義を呈する見解書を送ったというが、ドラッカーは無視していたようである。

彼の著作を読む際に重要なのは、彼が記述する際の「企み」に注意することである。『傍観者の時代』の中で次のように彼は動機を明かしている。

「その人たちが「重要な」存在であるのは、その人たちが私にとって意味があるからのみでなく、何かを体現しているからであり、私たち自身と私たちの時代について多くを語っているからであり、私たちに考えさせてくれるからである。一人一人が何かを意味し、象徴しているように、洞察と理解を与えてくれるように私には思えるからである」。

『傍観者の時代』は時代に密着している。書き手がいかに正確を期しても、文章による事実への完全な到達は不可能である。私的なことであっても、そこに含まれる公共性のゆえに、あえて書くことが歴史の証言になる場合もある。客観性の殻に立て籠って、形式と論理に拘泥していてはどうしても表現できない「事実のあわい」もある。現実と主観をつなぎ合わせた総合的な物語として、誇張やフィクションを用いることでようやく伝えられることもあるだろう。

本人の言からもその企みは窺える。『傍観者の時代』が自著の中で最もよく書けた「フィクション」(彼は大文字で「FICTION」と強調している)と二〇〇〇年一一月二一日カロリーナ・ビカール宛書簡で述べている。同書の虚構性は彼自身がよく認識していたのである。そうだとしたら、事実の整合性の観点からいちいち揚げ足をとるのは野暮というものだろう。

第3章 覚醒 一九四九―一九六八

講義を行うドラッカー（The Drucker Institute at Claremont Graduate University 提供）

われわれが生き延びられたのは、われわれが時々目を上げて、水平線のかなたを眺めるように努めたからである。私も人類がかつて経験したあらゆる困難な時代においてと同様に、つねに遠い地平線に何が横たわっているかを展望しようとした。

（一九五九年七月の来日講演録資料より）

第1節　ニューヨーク大学時代

ニューヨーク大学教授に就任

一九五〇年、ドラッカーはニューヨーク大学教授に着任した。アメリカ人としてアメリカ的状況に応答しながらも、その時期から視野を世界へと拡大しようとしていた。その起点にある活動がコンサルティングだった。教育研究、執筆を本格的に展開させる道筋の中で、大企業への緊密な関与も加速させ、それらによって充実期が彼にもたらされた。

ニューヨーク大学には一九七一年まで二一年間在籍し、この間にマネジメントに関する著作を次々に刊行した。すでに行政や軍、GM、続いてIBM、ゼネラル・エレクトリック（GE）等で経験を積んできたコンサルティングも軌道に乗りつつあった。まさにコンサルティングによってこそ、彼は企業の現実を掘り下げていけるようになった。マネジメントの語源は、「馬の手綱を握る」に由来するとの説がある。彼は第二次大戦後の自身の展望を「馬を乗り替える」と表現したが（『産業人の未来』）、コンサルティングこそがドラッカーが乗る「馬」となった。

企業の生態は、部外者に分かるはずのないものである。大学の研究室からは企業の動態を汲み尽くせない。企業を知る唯一の方法は、直接企業とともに働くことである。後に著述家ジム・コリンズがコンサルティングの目的をドラッカーに問うた時、「実験室である」と答えたのは、そのことを示している。本来、書斎の人ではなくそうありたいとも望まなかった。「ドラッカーは知的権威を巧みに遠ざけてきたので、学者がドラッカーを心底嫌うのは驚くべきことではない」とコンサルタントのトム・ピータースは述べている。

どのような領域でも、知を専門家の専有物と見なすことをドラッカーは拒否した。しばしば述べるように「学者でないことを誇りにしていた」。難解な著作を読み、学会発表や論文で公にするだけの知的活動は、彼の受け入れるところではなかった。とりわけ企業や産業分野は、現場――日常から経営に至るさまざま側面――から分析の素材を得てその生態を解明しなければ、血の通った知識とはなりえなかった。

コンサルティングは、外部から問題点を見抜き、解決策を提案する。内部からは分からないこと、説明しにくいこと、耳の痛いことを率直に指摘する。既存の学問とは異なり、特定状況での実践知を要請する仕事である。論理的な正しさよりも、個別的で具体的な働きかけの有用性がそこでは問われている。

彼が先頭に立ったこうした知的活動は、時代の要請も相まって新しい産業を生み出している。企業内外で生ずる問題を解決する、コンサルタントという職業である。現在は企業だけでなく、自治体、病院、学校など、あらゆる業種で一般に行われている。その短い歴史をひもとけば、一九五〇年におけるマッキンゼー中興の祖マーヴィン・バウワーとドラッカーとの交流が浮かび上がってくる。事業にふさわしい名称をバウワーから問われたドラッカーは、「経営コンサルタント」を提案している。

『新しい社会』(一九五〇年)

どこかに唯一の答えがあって、それが何でも解決してくれるというのは甘い幻想である。そう述べ続けたドラッカーの言説には、巧妙に近代合理主義、全体主義批判が織り込まれている。マネジメント論と社会論は別系統の著作に見えるのだが、実は連続した意図のもとに記されている。ドラッカーの企みがそこに見えてくる。

彼が心内に保ち続けた全体主義化への恐怖は、アメリカで成功しつつある中でも消えてはくれなかった。イデオロギーで人が生き、死んでいく現実をヨーロッパで彼は目にしていた。観念は世を救う力を持たない。第二次大戦後のアメリカもまたその脅威から完全に免れたわけではなかった。実際のところ、彼にとって全体主義はすでに終わった「あちら側」の出来事ではなかった。

ニューヨーク大学での教授就任時と重なる著作『新しい社会』(一九五〇年)に、その危機感は顕著である。労働組合、生産性の原則、工場共同体、分権性の組織構造、利益、損失回避等、『企業とは何か』を発展させて論じた著作である。

産業社会の旗艦は、彼によれば企業である。企業で働く自由な市民は、進んで社会への責任を担わなければならない。反対に、そうした責任を担うことのないのが、新手の経済人、主体性を利益への衝動に支配された、画一的な人間「スロットマシン・マン」である。

「スロットマシン・マンは、産業社会の所産ではない。一八世紀合理主義から生まれた未成熟な存在であり、中には父権主義的特性が、戯画的に表現されている人間観である。〔略〕このような考え方によれば、人間はガムの自動販売機さながらに、金だけに反応する自動人形である」。

自由、責任、尊厳、自発性、創造への観念を持ち合わせず、ロボットのように経済に操られ、しかも責任の観念を持たない。あえて言えば、かつて一般に理解されていたようなアイヒマン(ナチス体制下でユダヤ人虐殺を指揮した一人)のような虚ろな人間である。何も能動的に選んでいないことで、公共的な責任の重荷から免除されていると思い込んでいる。

自由とは責任を伴う選択であるとドラッカーは『産業人の未来』で述べている。真の自由とは、善をなすために何かを選択する責任であるとともに、悪に関与しないために何かを拒否する責任でもある。一九五〇年代のドラッカーの活動は、スロットマシン・マンに陥ることのない産業人の育成と、そうしたシステムの構築に向けられたといってよい。

ポストモダンの風景——因果から形態へ

一九五九年に『変貌する産業社会』をドラッカーは刊行しているが、改めてそこでモダン(近代)の理性主義が行き詰まっているとの認識を示した。同書の原題は *Landmarks of Tomorrow*、「明日への道標」といった意味である。当初、「すでに起こった未来(The Future That Has Already Happed)」を付そうとしたが、センテンスの長さを理由に変更したと後の「トランザクション版序文」で述べている。

以後のすべての著作に共通するのは、一方で自由な産業社会を推進し、同時にそれによって全体主義を駆逐する二重の思惑である。経営から文明社会に及ぶ巨大な構想である。

一五世紀のグーテンベルクによる活版印刷技術の発明と印刷本の普及から語り起こし、モダン思想の創始者デカルトに言及する。デカルトの命題「すべて疑うべし」は人々に万物の検証を促し、あらゆる事象を分解することによって因果の検証を可能とした。モダンの理性主義の誕生である。

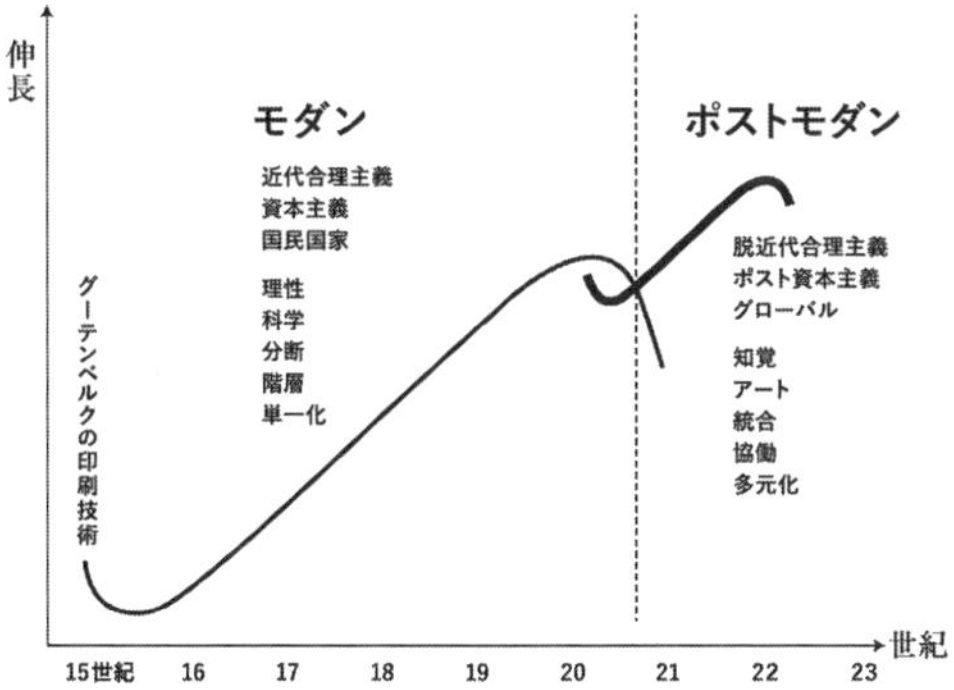

モダンからポストモダンへ
グーテンベルクの活版印刷の発明が，モダン（近代）という時代の始まりとなり，それは20世紀にポストモダン（脱近代）へと移行したとドラッカーは考えた．

対して、いまや個々の事象は目的論的全体と切り離して理解することはできないとドラッカーは見ている。この認識にもとづき、現代を「ポストモダン」と彼は呼ぶ。「ポストモダン」の語彙を最初に用いたというこの『変貌する産業社会』には、時代認識の根底まで迫ろうとする意欲が込められている。序章で彼は次のように語っている。

「われわれは過去二〇年のある時点で現代と決別し、新しい時代に突入したようだ。だが、この時代はいまだ名前を持たない」。

現下意味を持つのは、因果関係から形態（コンフィギュレーション）への認識の転換である。心理学の「自己」や「人格」、社会学や人類学の「文化」等、全体としてのみ把握可能な形態（ゲシュタルト）や形式（フォーム）である。全体は部分の寄せ集めではなく、それらの総和以上の自律的構造を持つとする。

ここでドラッカーは、ゲシュタルト心理学の顔認識の研究成果を引いている。人間は対象の外観をとらえる際に、目や鼻、口、輪郭等の個々の部位によらず、総合的に識別する。部分は全体との関連性で意味を獲得する。言語もその一例である。「c」「a」「t」といったアルファベットは単体では意味を持たない。全体から「cat」として見る時、初めて「猫」の意味を獲得する。

このようなポストモダンの世界では、分析よりも知覚、分断よりも統合が問題となる。細部を概念化するのではなく、全体を把握することである。異質のものを拒絶・排斥するのではなく、それらを今まで誰も結び付けなかった仕方で全体に統合できるかが社会のあらゆる側面において重要になる。たとえば、顧客の予想外の行動から、一般の用途と異なる事物の用い方や新結合を促すような、現場の知の働きが意味を持つ。

教育者として

そうした考えにもとづき、ニューヨーク大学では現場を持つ兼業学生をドラッカーは歓迎した。企業経営者・幹部、教会幹部、病院関係者など多彩な実務家が学生として在籍した。スポーツや楽器演奏に練習がいるように、マネジメントにも一定の修練がいる。経営現場は無数の決断から成り立っているが、成熟したマネジャーになるためにさまざまな現場経験がなくてはならなかった。ニューヨーク大学時代からのドラッカーの知己ジョン・フラハティは、教室、カフェなどでの実務家を交えた議論がいかに刺激に満ちたものであったかを語っている。

講義では、ドラッカーは机にゆったりと座って話し始めた。ノートを見ることはなかった。詳細な事象を問題にすることはなく、正否を厳格に判定することもしなかった。理論の濫用に細心の注意が払われていた。時々の関心を反映して、話題は縦横無尽、古今東西に及んだ。二〇〇〇年前の哲学から昨日会ったクライアントの事例まで、さまざまな時間意識が縦横に混入した。講義とは彼にとって学生と共同で行う創造行為だった。脳裏に浮かぶ事柄を大きく迂回したり、思い出したりしながら語った。時に講義は数時間に及んだ。

学生の多くは企業その他で責任ある地位にあった。それにふさわしい貢献が彼らには要求された。教室を後にしてそれぞれの主戦場に戻った時、「何を学んだか」が問われたし、事実ドラッカーの口癖がそれだった。

教室にやってくるユダヤ人難民の生活再建にも力を貸した。後に投資家として名を成したドイツ語圏からの亡命者学生ヘンリー・カウフマンの回顧がある。ドラッカーの人間的で分け隔てのない配慮にカウフマンは触れている。

「ドラッカー教授は人間的にも私の助力者だった。私がスターン・スクールで博士号を取得する折、三時間もぶっ続けで六名の教授から口頭試問を受けた時、教授も試験官の一人だった。私は出だしでつまずいてしまって、しどろもどろになった。休憩時手洗いに立った折、教授もついてきて、声をかけてくださった。「ヘンリー、君の前半の受け答えはかなり危うかった。けれども、持ち直しつつあったから、その調子でいけばきっと通る」。まだ駆け出しに過ぎなかった私を気にかけ、ドラッカー教授は優しく気遣ってくれたとずっと感じてきた」(ドラッカー・インスティテュート所蔵資料)。

彼に接した学生にはこうした記憶を語る者が実に多い。ドラッカーにはいつも他者への敬意と共感があった。多くの場合、関係は卒業後も続いた。

ニューヨーク大学MBA(経営学修士)プログラムで講座に出席していたセント・ジョン大学顧問のトニー・ボナパルトは、何度もドラッカーの質問攻めに遭い、そのことを通して背中を押されたと語っている。「あの人は、何についても、なりうるものを見ている。私についてもそう見てくれたおかげで私の人生は変わった」とボナパルトは回顧する(ドラッカー・インスティテュート所蔵資料)。

後にアルコアCEOに就任して、「業務災害ゼロ」の公約を掲げたポール・オニールもまた、ニューヨーク大学でドラッカーから学んだ一人である。ある講義後の板書をメモして後々まで手帳に挟んで持ち歩いたとオニールは述べている。優れた企業の条件に関するもので、問いは三つ、「あなたは会社で敬意を払われているか」「あなたが仕事上の能力を高めようとして何かを学びたいと考えたとき、会社は応援してくれるか」「あなたが会社に貢献していることを会社は知っているか」だった。「この三つの問いを社員に投げかけ、何割の社員が「イエス」と答えるかで、その会社がどれほどのものかわかる」とドラッカーは諭した(イーダスハイム『P・F・ドラッカー　理想企業を求めて』)。

オニールにはこれらの問いを自社のマネジメントに組み入れようとの思いがあった。CEO就任の五一歳時、端的な覚悟として従業員の安全・福祉を最優先する指針をオニールは掲げている。「業務災害ゼロ」を第一に据えて業績を語らない新任CEOに不信の念を表明した株主もいたが、結果として、安全計画の実施で労災発生率は大幅に低下したのみならず、アルコアは記録的な利益水準に達した。その間、生産性は三倍に伸びたと言われている。「どのような会社でも、価値を生み出すのは人である。人は理念と価値観によって動かされ、信じがたい成果を上げる」とオニールは述懐を結んでいる。

ドラッカーの教育上の業績に対して、一九六八年一二月九日、ジェームズ・M・ヘスターは学長賞を授与した。とりわけ実務と理論との架橋が評価に値するとされ、「学生が経営プロセスを熟考し、大組織経営者として知識の活用を促す稀有な教師」との授賞理由が付記された。

GEクロトンヴィル研修所

「報酬を得てクライアントを叱るインサルタント(侮辱者)」とドラッカーは好んで自称し、

「高い報酬をもらって人を侮辱している」と語っていた。コンサルタントとは、経営者が自分自身について行う説明に影響されることなく、まったくクールな態度で聴くことができなければならない。相手の熱情に感化されたり、同調したりすると、彼が本当になすべきことを見失う。対話の中で、なすべきことを率直に指摘することは、時に相手のプライドを打ち砕く。善意があればこそ、相手の意向に忖度《そんたく》することなく、率直に耳に痛いことも直言しなければならない。「インサルタント」とは逆説的にその職業倫理の表明とも解釈できる。

ドラッカーは、徹底して経営の傍らに立ち続けた傍観者、アウトサイダーであって、経営経験は持たなかった。大組織の一員になることは彼にとって退屈で、適性も能力もないと自覚していたためである。また、リストラの仕事は気質に合わずすべて断った。彼なりに身につけた作法がそれだった。

一九五四年、マネジメントの代表的著作『現代の経営』が刊行されている。詳しくは次項で取りあげるが、コンサルティング経験に反省を加えつつ、同時に技法や考え方を練り上げることで編まれた著作である。ゼネラル・エレクトリック(GE)のコンサルタントと幹部教育支援開始の時期にあたり、そうした活動もこの著作にインスピレーションをもたらした。

新CEOに就任したラルフ・コーディナー指揮の下、GE経営実践レヴュー・チームにドラッカーはオリジナル・メンバーとして参画し、最終的にはリーダーを務めた。一九五五年九月三〇日のGE副社長ハロルド・スミディ宛書簡で「人々は管理や命令を受ける必要はない。もし何をすべきかとの理由を知っていれば、継続的な結果測定によって、仕事が計画通りに進行するかどうかを把握していれば十分である。もし知らなければ、伝えればいい」とドラッカーは述べている。新手の経済人としての「スロットマシン・マン」を量産するのではなく、責任と倫理を備えた幹部育成を急務と彼は見なしていた。

スミディを実務担当、メルヴィン・ハーニをパートナーとして、ドラッカーは幹部向け組織改革の手法をGEクロトンヴィル研修所テキストに編み上げていった。全四巻、合計一〇〇〇ページを超え、表紙の色調から「ブルー・ブック」と呼ばれた。ブルー・ブックは、①「GEの成長」(一〇六ページ、一九五三年)、②「GEの組織構造」(三一五ページ、一九五五年)、③「専門経営管理者の仕事」(二四八ページ、一九五四年)、④「専門個別貢献者の仕事」(二九四ページ、一九五九年)の各巻からなる。一九五六年、GEで経営管理者向けの研修が開始され、ドラッカーも頻繁に出講した。

トップ・マネジメントに対して、事業の定義と目標を可能な限り詳細かつ具体的に書きとめるようドラッカーは求めた。組織の成員一人ひとりには必要な事柄をカードに書き込むよう指導した。いわゆる目標管理であり、一九五五年九月三〇日のスミディ宛の書簡で、「電気店や大工がドライバーを取り扱うように」それは用いられるべきと彼は書き送っている。

幹部研修にあたって、彼は企業の生態的な諸力をまざまざと見せつけられることにもなった。一本の木の本質を知ることは、森全体の生態や植生を知ることにつながる。一つの企業と、無限の広がりを持つ産業社会との間に巨大な懸隔があるとしても、企業の本質に触れられれば、産業社会全体を認識できる。GEのコンサルティングは、彼にとって一本の木から森全体の生態系を解き明かす植物学者のフィールドワークに相当した。

ドラッカーにとって、マネジメントと社会生態学は同じ構造を持つ概念である。企業の生態を記述するとマネジメントとなり、それが置かれる社会環境を記述すれば社会生態学になる。

『現代の経営』(一九五四年)

経営には予想外のことがつきまとう。経営者にとって経営とは常に応用問題である。『現代の経営』(一九五四年)は約一一〇の事例を用いて応用問題に対応しているが、とりわけIBM、シアーズ・ローバックの事例が際立っている。ストーリーテリングの力を自在に用い、可能な限り臨床的に彼は記述している。記述の多くは、事例の形態と機能に注視して、因果関係にはほぼ触れていない。植物がどのような果実を実らせるのかは、植物の本性の問題であって、観察者が決めることではない。企業はそれぞれの本性に従って、それぞれの責任と機能を担って社会に生かされている。その潜在力を減退させることなく、生命の伸長を促す手法を課題としていた。

あらゆる事業の目的は、「顧客の創造」にある。企業はそれ自身のためにあるのではなく、社会との関係、顧客との協働の上に成り立っている。「企業とは社会という身体の持つ器官の一つ」と彼は表現している。この見解は、スチュアート・クレイナーによれば、マネジメントで最も頻繁に引用されたという(クレイナー『マネジメントの世紀』)。

対して、事業を利益の観点からとらえることは、誤っているばかりでなく、的外れだという。「この世に利益などない」とさえ彼は述べている(ドラッカー・インスティテュート所蔵資料)。顧客こそが事業継続の本質的条件なのであって、利益はあくまでも顧客創造の結果である。彼は利益を、未来において事業を継続する未来のコストにほかならないと見ている。

企業が私的利益の追求という幼稚な段階にいつまでもとどまっていると、企業の存立基盤である社会を脆弱化させてしまう。それに、目的を利益に矮小化してしまうと、人間の持つ創造的な可能性をやがて貪り尽くしてしまう。「企業による人間の管理」という定型的な言い方を彼はしていない。人間の実存に対する冒瀆《ぼうとく》だからである。利益の過度な追求や、人を手段としてしか見ない危険を自覚しながら、それらに抗して、社会とともに生きていくところに、企業の本来の姿がある。

そうした考えを垣間見せるのが、目標管理である。「Management by Objectives and Self-Control」、直訳すれば、「目標と自己統制によるマネジメント」となる。人と組織双方の成長を促す手法である。目標管理を「外からのマネジメント」に代えて、より厳しく、より強く、より多くを要求する内からのマネジメントとドラッカーは位置付けている。「外から」、すなわち何らかの強制や恐怖によって他律的に動くのではなく、意志で動く人間を彼は望んだ。組織全体と人が目標を介して結びつく時、かけがえのない個人の精神は社会の創造を担う。それがマネジメントの理想だった。この方法を彼はことさら重く見て、「マネジメントの哲学」という言い方をしている。

目標はマネジメントの基本的な工具でもある。鏡なしで自己像を確認しえないように、目標なしにふさわしい成長も成果もない。人間とは常に固有の何かを志し、何かを実現しようとしているのであって、「飴と鞭」は元来不要であり、セルフモニタリングこそが最高の動機付けとなるとドラッカーは見ている。

彼がコンサルティングを行った企業においても、目標設定にしかるべき時間とエネルギーを求め、ただちに期待する目標を書きとめておくことを推奨した。この「書きとめる」という行動は自己を見つめ、適性やスタイル、強み、価値観、気質を客観的に理解するための素朴ながら確実な方法だった。人間の記憶は、どこか脆いところがあり、覚えていると言ってもあてにならない。書きとめることは、ふだん人がとりたてて意識することのない自分自身の行動を意識させる。書きとめられた目標は、現在の目に映る自分自身であって、そのことを通して、ありのままの実像との照合を可能とする。

そのような言語化をもって自己が主体的に生きていくことは、彼が若き日に傾倒したキルケゴールにおける実存主義にも顕著に見られる。書きとめたからといって、人は過去を変えてしまうことはできない。しかし、新しくやり直すことはできる。過去は呼び戻せなくとも、未来のために今何かを新しく選び取ることは常にできるからである。

本書執筆の支えとなった論者を、ドラッカーは包み隠さず認《したた》めている。フレデリック・テイラーの『科学的管理法の諸原理』(一九一一年)を「人間を解放する最も偉大かつ斬新な洞察」と評するのはその一つである。他には、エグゼクティブ・リーダーシップに関する古典的な著作で知られるチェスター・バーナード、アンリ・ファヨールの『産業ならびに一般の管理』(一九一六年)、エルトン・メイヨーの『産業文明における人間問題』(一九三三年)、メアリ・パーカー・フォレットの『組織行動の原理——動態的管理』(一九四一年)をも挙げている。いずれも、現場から導き出したメタ的な視点を持つ経営学の著作と言えるであろう。著者はみな実務や現場出身であり、そこから汲み上げた切実な問いかけが著作の中にある。

第2節　初来日

戦後日本とイメージ形成

第二次大戦後のアメリカは、自由主義陣営のリーダーとして世界の覇権を握った。大国が保持する多元的な価値を潔く認めるところから、敗戦国・日本の産業界はスタートした。日本におけるドラッカー普及の背景をその観点から見ておくことは有益であろう。

日本では、第二次大戦後の急速な産業化とともに、経営学ブームが巻き起こっていた。経済大国への大発展期である。戦時中におけるアメリカ製造業の目覚ましい生産性に触発され、産業組織とマネジメントへの関心が高まっていた。日米ともに、一九七〇年頃までブームは続いた。

一九五八年、一般読者向けとして経営学のベストセラーを書いた坂本藤良は、すでにドラッカーの特性を正確に記している。

「かれは新聞記者から経営学の研究にはいった人で、ユニークな著作をいくつか発表するが、企業の社会性を主張する点では典型といってよいであろう」(坂本『経営学入門』)。

読むほどにドラッカーの根幹に触れるものに見えてくる。

事実、「企業の社会性」という点で、日本はドラッカー受容の好条件に恵まれていた。日本企業には共同体文化が浸透していた。現在も、勤務先を「うち」と呼ぶことがあるが、本来それらは身内とか家族、家を指す言葉である。日本の企業は、組織労働者のアイデンティティ確立のバイパスともなっている。日本の企業では、組織の一員として人格的なコミットメントが求められ、仕事は賃金以上の意味を持つ。事実、能動的なエネルギーとしてそれは作用し、結果としてドラッカーの「企業の社会性」は違和感なく受け入れられるようになった。

外からの眼も作用した。日本的経営の特徴を海外に紹介したのは、アメリカから来日したジェームズ・C・アベグレンだった。アベグレンは第二次世界大戦で日本軍と戦った経験を持ち、後にボストン・コンサルティングの日本代表や上智大学教授を務め、最終的には日本に帰化している。アベグレンが『日本の経営』(一九五八年)でその特徴として、終身雇用、年功序列、企業内労働組合の三つを挙げたのは知られている。これらは現在に至るまで日本社会の持つ前近代性の観点からもっぱら強調されているが、アベグレンは新たに発見された高いパフォーマンスを発揮する生産システムとして語っている。もちろん日本の産業システムが純粋に前近代的だったら、あれほどまでの経済成長を達成できたはずはなかった。とりわけ終身雇用は従業員の待遇向上とも直結していた。

あることを知っていることと、そこに価値を認めることとはまったく別である。慣れ親しんできた習慣や風習が、結果として成長の原動力になると日本の産業人は気づくようになった。にわかにクローズアップされた日本的経営への高い評価は、高度成長と企業文化が表裏一体だという認識を助けた。

ノーマン・マクレーによる“Consider Japan”（英国『エコノミスト』一九六二年九月）は「驚くべき日本」のタイトルで日本に紹介された。この論考は、その後一九七〇年代からバブル経済の八〇年代にかけて発表され続けた日本礼賛の先駆とも言えるもので、その後も、スウェーデンのジャーナリストであるホーカン・ヘドバーグ、『ル・モンド』記者のロベール・ギラン、未来学者のハーマン・カーン、そしてエズラ・ヴォーゲルの『ジャパン・アズ・ナンバーワン』（一九七九年）に至る日本礼賛本が後を追った。これらといくぶん異なり、ドラッカーが日本の高度成長下での海外における論者としてひときわ目立つ一人であったことは特筆に値する。『現代の経営』が強い影響を持った背景として、著者自身の日本における活躍を抜きに考えることはできない。

それと相まって、戦後日本においては、次項で見るように、経営に特化したジャーナリズムが隆盛を極めつつあった。先端的なアメリカの経営事情が紹介され、知識の吸収が大いにはかられた。高度成長をひた走る日本経済の姿がそこに重ね合わされていた。その呼び鈴を鳴らした一人がドラッカーであったのは間違いない。ブームの中で壹岐《いき》晃才《あきとし》はドラッカーを特記している。

「昭和三一年〔一九五六〕に、後に長く日本の経営界に影響を与えることになったP・F・ドラッカーの『現代の経営』が刊行されていることは見逃せない。私自身は経営ジャーナリズムと呼ばれる分野が成立するのは、昭和三一年であり、また、経営学ブームの到来もこの年を起点と見たほうが、歴史的事実を理解する上で有効ではないかと考えている。そして、一つの根拠が、ドラッカー著作の刊行という「事実」によっているのである」(壹岐『証言 戦後日本の経営革新』)。

経営ジャーナリズム

ブームが起こるにはそれにふさわしい理由がある。その「上げ潮」をもたらした一因が、経営ジャーナリズムである。

一九五五年の「トップ・マネジメント視察団」では、日本生産性本部の幹部や関係者がアメリカを訪れ、経営近代化の手法を実地で学んだ。日本生産性本部が生産性研究所を設立したのは一九五六年四月のことである。所長には『現代の経営』紹介者・野田一夫の伯父にあたる野田信夫が就任していた。一九五八年九月以後、日本生産性本部・生産性研究所の編集委員会は「海外ダイジェスト」の特別増刊号を発刊した。経営ジャーナリズムは無から発展したのでなく、特定の背景を持って成長した点は記憶にとどめてよい。

一九五六年一一月一日付でダイヤモンド社から創刊された雑誌に『近代経営』がある。編集長を務め、後に東京経済大学教授に転じて広報学を講じた猪狩誠也は、経営ジャーナリズムの勃興と成長の背景を次のように説明している。

「米・英・ソ連など連合国軍と日・独・伊の枢軸国軍とが戦った第二次大戦が連合国の勝利で終わってまもなく米・ソ間に「冷たい戦争」が始まり、中国で共産党が権力を得たことにより、世界が大きく自由主義国と社会主義国のいわゆる東西対立時代に入る。米国は日本を東側共産主義国への防波堤とするために、第二次大戦でほとんど潰滅状態となった日本の工業の再生を企図し、世界最強工業国アメリカのソフトパワーを日本の産業育成に注いだのである」(「日本の経営ジャーナリズム」)。

経営ジャーナリズムの役割は、知識や情報の伝達のみではない。日本の企業社会が、アメリカのソフトパワーに浴する回路ともなったのである。

『近代経営』は、アメリカ企業の意思決定やビジネスパーソンのスキル、習慣、作法を取材した。この時、解釈・選択されたものは、時に本来の意図とは異なるコンテンツとして広まることにもなる。ある意味都合よく切り取られ、「翻訳」「翻案」されることによって根付いていくところがある。その問題は軽視できない。とりわけドラッカーにおいてそれは顕著であったと言ってよいであろう。

後の同誌編集者・藤島秀記が「この雑誌は一面、ドラッカーを日本の産業界に担ぎ出した貢献者の役割を果たした」と述べるように、頻繁に「ドラッカー特集」が組まれ、アメリカのソフトパワーを内面化する運動の一つとして人気を呼び、雑誌としては稀ながら三回増刷される号もあった。

現代経営研究会

ここではドラッカー『現代の経営』の訳業を担い、その土着化に影響力を持ったグループ・現代経営研究会に注目したい。

ドラッカーと初のコンタクトを試みたのは、二八歳の会社員、高木信久だった。高木は東京大学法学部を卒業後、一九五〇年にキリンビールに入社、本店営業部輸出課に配属された。約四年間組合運動に関与したことから労使関係に関心を持ち、アメリカ留学を決意した。

一九五四年、フルブライト留学生としてカンザス州立大学オリエンテーション・センターに高木は滞在した。その後イリノイ州立大学大学院労使関係研究所に移り、経営学、労使関係、団体交渉、賃金管理等を学んだ。その時、指導教授が示した文献の一つが『現代の経営』だった。初のドラッカー著作とのであいのみならず、高木はアメリカ滞在中のニューヨークで、ドラッカー本人との面会も果たしている。高木の思惑は、「ドラッカーは使える」ということへの率直な確信であっただろう。ドラッカーが実務界に率先して受け入れられた事実と照らして得心させられる。振り返ると、ドラッカーが実務界に率先して受け入れられた事実と照らして得心させられる。

一年間のアメリカ生活を終えて『現代の経営』を持ち帰った高木は、当時キリンビール社長だった川村音二郎から翻訳を勧められた。自明なよりどころを持たない日本産業にとっての経営上の典拠として、アメリカの先端的な経営学を日本に根付かせる目算がそこには働いていたはずである。高木は翻訳を決心し、研究会を兼ねたチームを結成した。監修は立教大学助教授だった野田一夫が担当した。

野田の後の述懐によれば、『現代の経営』は、一般の社会科学と著しく相貌を異にしていた。本来マックス・ウェーバーを野田は研究対象としていたが、学説は固定化し、半ば偶像化していると感じていた。現実にはわかることとわからないことがある。わからないところをわかったように語るのは理論の濫用を意味した。反対に『現代の経営』では、著者が現実との対話で本当にわかっていること、そうだと確信していることが語られていると野田は感じた。ともすれば目にとまりにくい細部まで生き生きと率直に表現されていた。理論と現実が一つにつながる感覚を彼はそこに覚えた。原点とすべきところに曖昧さはなく、それでも実践上の方法はそれぞれが自分で見つけるものとして著述されているのが野田の気に入った。

邦訳表題『現代の経営』(原題は *The Practice of Management*、すなわち「マネジメントの実践」の意)は野田の発案であったが、いかに正統の学問と異なっていたとしても、経営の生きた動態が「現在進行形で」表現されているとの印象によっていた。経済団体連合会会長・石坂泰三の懇切な推薦の辞を得て、正・続の二巻として『現代の経営』は一九五六年に自由国民社から刊行された(一九六五年に上下巻でダイヤモンド社から再出版)。予想を超える速度で『現代の経営』は産業界を中心に大きな反響を呼んだ。何らかの触媒として、ひらめきを与え、気づかせ、考えさせる著作として好評を博した。

続いて一九五九年までに『新しい社会と新しい経営』『変貌する産業社会』が刊行された。現代経営研究会による翻訳書は九点に及び、会員数を最大三三名まで増やして活動を続けた。

「猛烈」に受容した人々

ＱＣサークルのエドワード・デミング、品質管理のジョゼフ・ジュランらが次々に来日するなど、最新の経営モデルへの日本からの渇望に呼応して、アメリカ組織論の移植が活況を呈した。

ドラッカーについて言えば、『現代の経営』刊行を機に、日本からの帰依に似た支持が生まれた。これは、ドラッカーの「土着化」の端緒と言えよう。ドラッカー思想のヨーロッパでの影響を研究したドラッカー協会ロンドン代表のピーター・スターバックは、「日本におけるドラッカーの成功は、ビジネス・リーダーの間で、人間国宝に匹敵する」と述べている（Starbuck, *Peter F. Drucker: The Landmarks of His Ideas*）。

現場にまでドラッカー著作は熱烈に受け入れられていた。熱気あるレポートが話題を呼んだ記事が、当時の様子を知るうえで参考になる。

「勉強会は月七回だが、その中身は、まさに「猛烈」そのもの。月七回のうち三回は昼間の部で、公休の木曜日を利用して午前一〇時から午後六時まで。残りの四回は夜間で、隔週の火、金曜日に午後一一～午前六時まで文字通り徹夜勉強会である。場所は本社の近くにある独身寮会議室。会員は一二〇人で、社歴五～七年、二四～二八歳代の人が多く、学歴別は大卒一、高卒二の割り合いとなっている。〔略〕テーマは、経営学者ドラッカーの経営学と流通、マーケティングの三点」（『近代経営』一九六九年四月号）。

記事を見る限り、参加者は高学歴者や幹部層およびその予備階層等ではなく、組織的意思決定から締め出されてきた層だった。成長への意欲は誰もが持つものである。この場では地位に関わりなく誰もがともに学び、行動し、知見を持ち寄ることができた。

敗戦後、原点とすべきものが不明瞭な中で、何かを率直に受容するところから始めるのは自然である。戦前の高踏的な知的枠組みへの反発と相まって、海外の知識をまずは受容してみようとの意欲がそこに認められる。戦前は軍部や官僚、学者等の知識階級が一種の権力機構として盤石に存在しており、低位の者は社会に深く参画していけなかった。要するに「経営」などとは無縁であった。この場で彼らは上層や学識経験者の手に職場を委ねる受動的な態度を嫌い、自分たちの力で知を深めていこうとしている。上層から命令されるのではなく、自分たちで見つけた何かを大切にする主体性を認めることは可能であろう。以前は見えず関与できなかったことが、見えて関与できるようになり、現場に知的態度が芽生えた。

ただし、海外の知識にならおう、働き方を決めてもらおうとする他力本願的態度もそこに認められないわけではない。ドラッカーらの著作が、単一化した行動指針として固定化されてしまうなら、権威付け以上の意味を持ちえない。ドラッカーと彼の言説が絶対視される危険性があった点は指摘しておくべきだろう。

往時のドラッカー人気を伝えるエピソードが、ジャック・タラントによる評伝で語られている。

「ドラッカーの講演後、二人の日本人エグゼクティヴが会った。一人が尋ねる。「ドラッカーの話、面白かったか？」。もう一人はうなずきながら「とても面白かった」と答えた。彼らはドラッカーの話の卓越性について話し合い、これからはそのようなことが自分たちにとって重要だと感じた。そして一人が尋ねる。「それで、去年ドラッカーから聞いたことを実行したか？」。もう一人は答える「別に実行していない」。すると一人は尋ねる。「では、来年も彼の話を聞くのか？」。もう一人は断言する。「もちろんだ」」(タラント『ドラッカー　企業社会を発明した思想家』)。

この戯画的なエピソードは、ドラッカー受容の一面をよく言い当てている。後年や、没後のブームにも同じようなことが言えそうだ。

一九五九年初来日

一九五九年の初来日がドラッカー人気に拍車をかけた。一方で、この訪問は彼の中に確かな痕跡を残した。今から振り返れば、彼と日本は深い因縁で結ばれていたようにも思えてくる。彼は四九歳だった。

招聘運動を主導したのは、社団法人日本事務能率協会(現在の一般社団法人日本経営協会)の根上耕一と竹内正治である。日本事務能率協会は、金森徳次郎を初代会長として一九四九年に設立された。一九五六年には、根上を団長に第一回米国事務管理専門視察団が派遣された。

ドラッカーが流行すると、根上と竹内は、雑談からドラッカーの日本招聘をひらめき、思い切って書状を送付するところまで一気にことを進めている。実務を担った竹内は、先例や決まりにとらわれることなくよいと思ったら実行するしなやかな行動力の持ち主で、ドラッカーに直接会うのが最善と考えた結果だった。

一九五八年のオファーでは、教務やコンサルティング業務で多忙のためドラッカーは辞退を余儀なくされている。一度断られることで、かえって使命感が掻き立てられ、竹内らにはやはりドラッカーを日本に招聘すべきとの切実な思いが湧き上がってきていた。翌年の来日を切望し、招聘活動を継続したところ、ついに交渉を実らせ、一九五九年の実現に至っている。横浜商科大学講師(当時)石原善太郎の言によれば、「日本経済及び企業の成長と繁栄に絶大な寄与をした空前絶後の大ヒット」だった。

ドラッカーは、自身の手になるテキストを用い、主要都市を巡回した。東京での経営者との懇談会(七月六日)、大手町産経ホール(七日)、大阪・毎日ホール(九日)、愛知県・文化講堂(一四日)、箱根富士屋ホテルの三泊四日のセミナー(一五—一七日、二〇—二二日)等が各所で開催された。馬場敬治(東京大学名誉教授、以下、肩書はいずれも当時のもの)、平井孝太郎(神戸大学教授)、藻利重隆(一橋大学名誉教授)、山城章(一橋大学教授)、佐々木吉郎(明治大学教授)、野田一夫(立教大学助教授)、坂本藤良(経営評論家)、石田武雄(国鉄)、加藤威夫(日本建設社長)、小野豊明(日本製紙工場長)、山口英治(信越化学工業社長室長)、茅野健(電電公社経営調査室次長)等出席者の顔ぶれはそうそうたるものだった。延べ二〇〇〇人の各界リーダーが彼の肉声に耳を傾けた。

「経営の水平線」と題する講演録を見ると、マネジャーの果たす役割が広汎に語られている

初来日時の講演テキスト((一社)日本経営協会提供)

のに気づく。経営者は主体的判断に従ってよいのであって、そのことがいまだ戦争の記憶の生々しい日本をふたたび偉大な社会にするという、期待を込めた熱い内容となっている。彼らの目にする当たり前の風景が、戦前の常識といかに異なっているかを丹念に説明している。次のように講演は締めくくられている。

「われわれが生き延びられたのは、われわれが時々目を上げて、水平線のかなたを眺めるように努めたからである。私も人類がかつて経験したあらゆる困難な時代においてと同様に、つねに遠い地平線に何が横たわっているかを展望しようとした」(ドラッカー『ドラッカー経営哲学』)。

「経営者」という語を彼はそこで意識的に広く用いている。文明的視野から、現実の個別状況に即して、つど課題を処理し、機会をとらえていく責任主体への期待をそこで語っている。経営者は自身の多様な仕事一つひとつを、責任をもって受け入れることが課題なのだと説く。第一次世界大戦後、オーストリア・ハンガリー帝国解体の辛苦を見届けた一人としての、敗戦国への激励とさえ感じられる。

彼が語ったことは、多くの日本人が持った「国破れて山河在り」の感とも重なり、聴衆を触発した。敗戦で傷ついた自尊心をアメリカの著名コンサルタントが慰撫する時、そこから生ずる感激がどれほどのものであったかは想像に難くない。講演には多くが感銘を受けた。

ドラッカーから影響を受けたと公言する経営者は少なくないが、参加者の中にはソニーの共同創業者・井深大の姿もあった。「ドラッカー教授は、全業績を通じて新しい産業社会の発展と展望を的確に分析・予見した巨人であり、われわれ経営人にとって、その著作はバイブル視されている」と井深は後に語っている（『ドラッカー全集』（全五巻、ダイヤモンド社、一九七一年）推薦の辞）。さすがに「バイブル」というと誇大の感は拭えないが、内側から湧き上がる喜びは十分に見てとれる。

日本美術収集

日本滞在時、ドラッカーは視覚を活発に働かせ、目にした文物に主体的に関わろうとしていた。目はドラッカーの知覚器官の中で最高の訓練を経てきた部分である。

京都の立石電機（現・オムロン）訪問を通して古都の文化に魅了されたドラッカーは、講演やメディア出演と並行して観光も行った。以来、来日時には、ドリス夫人を伴い日光東照宮、京都・奈良の古寺・古社（桂離宮《かつらりきゅう》、中宮寺《ちゅうぐうじ》、平等院鳳凰堂《びょうどういんほうおうどう》等）、伊勢神宮、鎌倉等を訪れている。好んで登山を行い、自然に触れる機会も多く持った。日本の精神を神道に見出し、固有の民俗信仰や、動植物や岩石への尽きせぬ関心を明かしてもいる。

日本美術に集中して目を向けたことにも触れなければならない。装飾的で技巧的な江戸時代の狩野《かのう》派の作品よりも、室町時代から桃山時代の禅僧による掛物や水墨画にとりわけ心を惹かれた。小論「私たちの日本美術」(一九八六年)では、「第一級の文人画とは、観る人にその画家の心(ペルソナ)を持ってみるよう要求しているように思われた」と語っている。人間らしく生きるために、彼は画家のペルソナを借り、精神の深淵にふさわしいスコープをそこで獲得した。

人間は遊ぶ限りにおいて自由というメッセージを作品から受け取ったと彼は述べている(「日本画の中の日本人」一九七九年)。遊びに興じる老人の姿を彼は印象的に書きとめているが、世が押し付けるペルソナから自由な人間像、他者からの強要でなくして、自由なありのままの人間の姿を見たのだろう。遊びとは高次の人格的自由である。どう遊ぶかは完全に人に委ねられており、序列などつけられない。時に熱情や倫理となって、生命を支え動かしていく。巧みな自然体の演技において、世阿弥《ぜあみ》の言う「花」を思わせる。

日本美術を通じて、一種の知覚教育を彼は受けている。「禅における学びの観念は、西洋や中国の進歩や栄転の手段としての学習とは異なり、学びの本質・真実に迫っている」と彼は評している。芸術鑑賞の領域をはるかに越えた、人格的な影響と言ってよい。

式部輝忠《しきぶてるただ》（ドラッカー来日当時は「式部」として知られた）筆の扇面と、江戸初期の絵師・清原雪信《きよはらゆきのぶ》の芙蓉《ふよう》図を初来日では購入している。美術品購入は、「渋い」作品を好む妻ドリスとの意見の一致もしくは、強い意見の相違のない場合に限られた。一九六二年来日時には、東京で如水《じょすい》宗淵《そうえん》「柳堤山水図《りゅうていさんすい》」を購入している。如水宗淵と言えば雪舟《せっしゅう》晩年の弟子で、「破墨山水図《はぼくさんすい》」（国宝）を師から与えられた人である。後にドラッカーが著した一連の文化論では、白隠《はくいん》、仙厓《せんがい》、雪舟等に触れ、彼らほどに尊敬に値する師は稀であったと述べている。

一九六〇—七〇年代が収集活動の最充実期にあたり、日本で得た収入はほぼすべて美術品購入に注ぎ込んだと言われている。求めるものを入手できた時代でもあった。室町水墨画では、雪村「月夜独釣図《げつやどくちょう》」をはじめ著名な作品も早い段階で入手している。画商を「日本の先生」と呼び、帰国後もドラッカーは書簡のやりとりを頻繁に続けた。

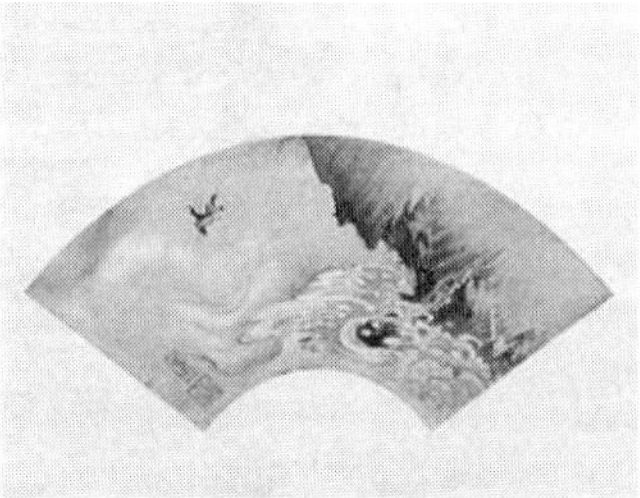
式部輝忠「渓流飛鴨図（扇面）」（旧ピーター・ドラッカー山荘コレクション）

学界からの乖離

ところで、今なお学界からはどうもぴんとこないと言われ続けているのがドラッカーである。彼特有の作法、独自性、癖などが重なり、学問的に説明することができない。理論的解析の試みもなかったわけではなかったが、十分に成果を挙げたとは言いがたい。ドラッカーのイメージ形成と学問との明らかな食い違いがそこに指摘されるべきだろう。

この時期、二つの象徴的な権威付けが彼のイメージには付随している。一つは一九六二年六月二一日に日本大学から授与された名誉博士号、もう一つは一九六六年六月二四日に日本政府から授与された勲三等瑞宝章である。ともに戦後日本への強い教化作用を顕彰している。

以下は後者の授賞理由の骨子である。

- ドラッカーは日本の経済成長に貢献し、経営近代化を支援した。経営者の倫理や社会的責任の確立のみならず、経営実践にも寄与した。
- 彼は日本産業界に招かれ、セミナーや講義を通じて指導的役割を果たした。
- その活動は日本の産業界の知名度を高め、日米の友好関係を促進した。
- 彼は経営教育にも貢献し、経営者にとどまることなく一般のビジネスパーソンにも影響を与えた。彼の著作は多くの人々に受け入れられ、日本全国で数多くの読者を集めた。
- その助言は政府機関の経営改善にも寄与した。

そこにはある種の同床異夢も感じられ、ありのままのドラッカーを評価するのではなく、日本人が自己肯定願望を投影していた側面もある。それが産業界でのドラッカー讃美を生み、他方では学界での肯定的とは言いがたい評価を生んだ。

学問的に評価しようと思えば、考察対象を論理的に体系化可能かがその焦点になってくる。しかし、既知の概念に頼って、論証的に言説を組み立てようとするならば、そもそも生きた現実観察は理論体系とはなりえない。ドラッカーの口癖が「私の観察によれば」だったのに明らかなように、視野が対象と分かちがたく結びついている。本来学問として成り立ちがたいのは明らかである。そうしている限り、科学の認識対象にはならない。その動機からしても、学問的実証性を明らかに踏み越えていた。

当時国内外の学界の認識上にその疑念がなかったわけではない。経営学者の藻利重隆は、ドラッカーが尋常の学者ではないことを認めつつも、経営学的見解は論理的一貫性を欠くと評価している。事情はアメリカでもさほど違わなかったようである。アメリカのある経営大学院の研究者から、「ドラッカーの著作を学生に読ませたことは一度もなく、また他の大学でもそのような話は聞いたことがない」との発言をジャック・タラントは紹介している。

産業人にとっての魅力は、野心を鼓舞する激励者ということになるが、かたや学界にとっては、学問の要求する論理から逸脱した、どこか異端の匂いがする発言者に映る。あるいは経営現象を都合よく切り貼りしている折衷主義者の印象もつきまとう。対極をなす評価はすでにこの頃から存在していたことになる。

名声を得るまでドラッカーは無冠であった。そして名声を得てからはなおさら無冠に徹することになった。彼のようなタイプの論者にとって、結局、外部からのレッテルはすべて誤解に過ぎなかったのだろう。彼が追い求めたのは、自分の発言の学問的な確かさよりも、現実的な有用性だった。学界での評判などは、彼にとって無意味なばかりかまったく価値の転倒だった。

経営者の責任

一九六七年の著作『経営者の条件』では一貫して、「成果を上げる方法」を説く。成果を上げることは知能や才能によるのではなく、習慣によると彼は主張している。習慣化は、第二の本能の獲得である。その能力は、誰にでも習得可能とドラッカーは語っている。一例として、「汝の時間を知る」、すなわち仕事からではなく時間からスタートすべきと述べている。細切れの時間は知的生産性に役立たない。必要な時間をまとめるためのハウツーが説かれ、優先順位、集中、貢献を意識すべきとも語る。習慣は、経営幹部に特有のマネジメントであることにとどまらず、一般教養、常識になるとの前提で書かれている。

『経営者の条件』のキーワードをあえて一つだけ拾ってみるならば、「強み」がそれである。ドラッカーのマネジメントを語るにあたり、ほとんどそれは公理の位置を占めているものの、実に謎めいた言葉である。あまりにも日常的な用語であり、強みがマネジメントの鍵概念と言われても多くはぴんとこないかもしれない。だが、人の挙げうる成果は、かなりの程度まで強みに規定されており、それなくして現実的な成果は望めないと彼は言う。

強みとは、人間の内部に「すでにある力」であり、生物的とも言うべき力の根源である。生涯を通じてわずかな変化しかしない。弱みが強みに転ずることなどない。

人間も生き物である以上、いびつで、不揃いである。それが人間らしさであり、厄介で煩わしいところでもある。だからこそ、それぞれが抱える固有の特性を殺すのではなく、生かせと彼は主張する。

その個別的な強みを用いるには、覚醒させて、その可能性を引き出しさえすればいい。その産婆役をもマネジャーは務めなければならないとドラッカーは言う。そのためには、その気になって強みの一点を見つめなければならない。そのつもりで見なければ隠れたままである。人の持つ固有性を、封印された強みとの関わりの中で解錠することである。「強みの上に自己を構築する」と彼はそれを表現しているが、このような問題提起は他の経営学説ではあまり見かけることがない。ここには、かつて彼が学んだシュヴァルツヴァルト小学校のオイゲニアらの教えが遠く残響していることに気づかされる。

強み以外はまったく見るに値しないと、ドラッカーはきっぱりと言い切っている。そして、自己と他者の強みを生かすための組織的行動もマネジメントには必要になってくる。強みの大半は生かされることもなく、多くは可能性のままに終わっている。それらを見出し、活用することは、当人のみならず、組織全体の生存可能性を高める方向に大きく作用する。

反対に、人の強みにではなく、弱みにばかり目を向ける者を、マネジャーに昇格させるべきではないと彼は語っている。述べたように、弱みは修正できない。それらは「仕事に就くはるか前に形成されたもの」である。そうであるならば、すでにある力を利用するしかない。どこまでも強みに目を向けることで、互いを開発していく創造的組織文化の形成が経営者の果たすべき役割と語っている。キルケゴールの説く「実存的な生き方」を尊重し、促進することにもそれはつながってくるだろう。

インターミッション ③ 「大工の言葉」の使い手——マクルーハン

学問的論争とは無縁の生涯をドラッカーは送った。知を戦いととらえる態度は、初期の著作を除けば彼には見られない。彼の知的リソースは、たとえば説得術に割かれた。レトリックの手法の一つで、他者の立場や要求を本人以上に理解できるだけの、しなやかで強靭な知性が要求される。

レトリックを鍛えるうえで、ドラッカーが対話の相手としたのが、マーシャル・マクルーハンだった。

マクルーハンとの交流は注目に値するが、二人がいつ、どのようにしてであったかを詳しく知る資料はない。同じくユダヤ人であって、年齢も二つしか離れていない。ともに個別の専門領域からはみ出していた自由なアウトサイダーで、純粋な学問に意味を見出さなかった。

ドラッカーは『創造する経営者』(一九六四年)で、流通のほうが先にあって、商品はそれに「ぶら下がっているだけ」と言っている。あるいは、顧客がいるから、企業があるのだとも言っている。企業が大事でないと言っているのではない。顧客からあらゆる事業活動が始まると言っている。

「無人の山中で木が倒れても音はしない、音波が発生しただけである」とドラッカーは述べたことがある。聞く者なしには、どんな音も存在しない。同様に、商品に意味や価値を与えるのは顧客である。その究極を「販売活動を不要にする」、すなわち売り込まなくても売れてしまう状態とドラッカーは言うが、これなどは受け取り手によっては、現実離れした極論にも聞こえるだろう。確かに一種の比喩ではある。だが、相手が生きた現実の人間であることを十分意識しないと、成果は上がらない。それが彼の言いたかったことだろう。一定の事業体験を積んできた人ほど、ドラッカーの語ることにぴんとくることが少なくない。

ビジネスパーソンを中心に絶大な人気を博したのも、まさにレトリックによってだった。「大工と話す時は大工の言葉を使うべき」とドラッカーは述べている。読者の言語に合わせられるのがプロであり、読者の言葉を用いて説得しようとした(少々論拠の怪しい記述であっても)。

そのため、数少ない例外を除いて、図表や脚注の類を用いなかった。武器は「大工の言葉」だった。

マッキンゼーのパートナー経験を持ち、ドラッカーの知的業績について評伝をまとめたエリザベス・イーダスハイムは、「ドラッカーの言葉は触媒だった」と述べている。彼がレトリシャン（弁論家）であったことをそれは端的に示している。レトリックの使い手は伝える内容よりも効果や反響に重点を置き、どれだけ多くが理解するかから考える。アート思考やデザイン思考が注目を集める昨今、よくも悪くも現代はレトリシャンで溢れ返っている。ドラッカーはその先駆を示していたように見えなくもない。

技術とメディアについてマクルーハンは格好の対話の相手となった。たがいに理解し合い、尊敬し合っていた。一五世紀の印刷革命が教本の製造を可能とし、教育に革命を起こしたばかりか、近代国家や資本主義を創造したとの壮大な説をドラッカーは提起しているが、その指摘はほとんどマクルーハン『グーテンベルクの銀河系』（一九六二年）の受け売りに聞こえる。

マクルーハンの主要な著作は邦訳されている。「メディアはメッセージ」「グローバル・ヴィレッジ」といったフレーズは、さまざまなシーンで今も便利に利用されている。しかも飛び抜けて才知に長けた論客でもあった。読者を挑発し、刺激し、考えさせることを目的としており、読者への「説明」を意図的に拒んでいた。「何を言うか」以上に、「いかに言うか」、さらには「いかに言わないか」は彼らレトリシャンの精髄と言ってよい。

第4章 転回 一九六九―一九八八

日本の旅館でくつろぐドラッカー(斉藤勝義氏提供)

書物とは私にとって子供の名前のようなものだ。一度つけてもらった名前は私にとっては愛着の対象になっている。「断絶」を気に入っている。

(斉藤勝義氏の記録より)

第1節　断絶

『断絶の時代』(一九六九年)

何をしているかと人に問われると、「変化を見て、書いている」と答えるのがドラッカーの常だった。一九六〇年代後半、時代の転換点に立っていると彼は感じていた。何より痛感されたのは社会の健全性が失われつつあることだった。言い方を変えれば、極端な産業化で社会の生態が破壊されつつあることだった。

国家も自治体も企業も社会の中にあるのだから、社会の一員であることを否定できるはずがない。社会を意識できないということは、他者への著しい鈍感を生む。一九六九年の『断絶の時代』はその点を指摘したことによって、数多いドラッカーの著作の中で最高峰をなすものの一つと言ってよいだろう。次のように彼は序で述べている。

「関心は、すでに起こったこと、およびその課題と機会にあった。明日の世界の急所を探した。明らかであるにもかかわらず、まだ知覚されていないものを探した」。

疾風怒濤の一九六〇年代、産業の論理への埋没から社会矛盾が噴出した。公害問題やベトナム反戦運動、公民権運動等が激しく燃え上がった。環境問題への警鐘となったレイチェル・カーソン『沈黙の春』(一九六二年)は自然環境汚染を鋭く批判し、GMの欠陥車問題と対応の失敗はラルフ・ネーダーによる消費者運動を昂進させた。ネーダーは著書『どんなスピードでも自動車は危険だ』(一九六五年)を通じて排ガス規制のマスキー法成立(一九七〇年)を促した。その数年後、オイルショックに端を発する混乱に世界は見舞われた。

『断絶の時代』が示そうとしたのは、資本主義を超えたところにある一つの風景だった。「断絶」は戦中戦後における世代間の溝と解釈されることが多かった。確かにそのような見方もできるが、それだけではない。同じ世代でも、異なった生き方・働き方をしてきた人々の間に断絶はある。

ドラッカーは断絶に否定的含みを持たせたわけでは決してなかった。むしろ断絶は、近代とその宿痾《しゅくあ》をなす合理主義的世界観からの決別だった。断絶を説明するのに、情報化、グローバル化等のいくつかの鍵概念を彼は挙げているが、とりわけその真意を端的に表現するのは、知識の変容だった。知識を社会の中で意味ある資源として深めていけるか否かが、一九七〇年から二一世紀に向けての社会の「急所」とドラッカーは見ていた。

そもそも彼によれば、近代合理主義のパラダイムを形成し、政治社会に対する支配的な図式

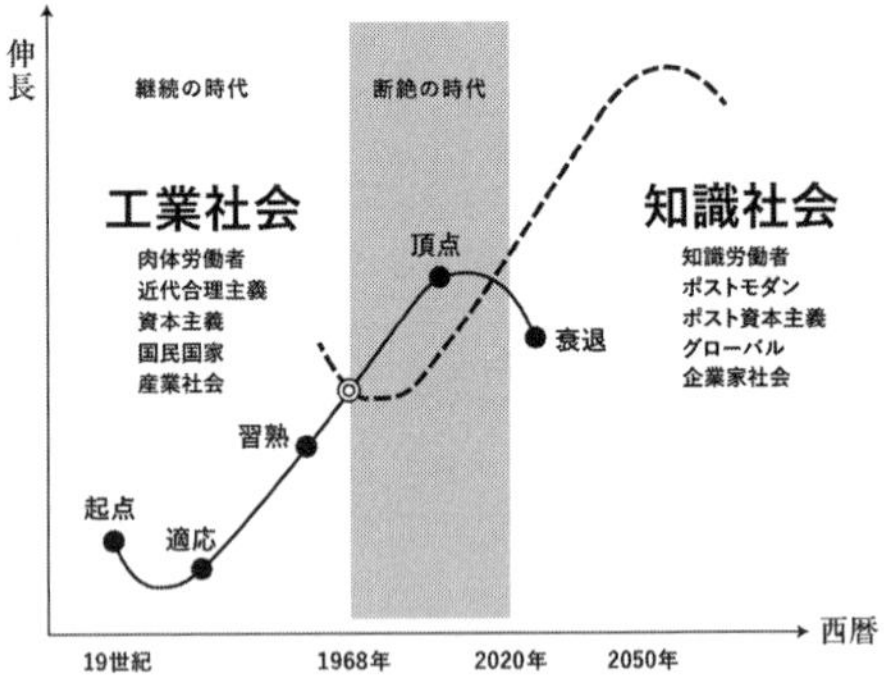

知識社会への移行
1960年代後半，価値創造の資源が非物質の知識に移行したとの認識をドラッカーは記している．

を提供したのは、デカルトに始まり、近代に至って、アダム・スミスの古典派経済学、とりわけJ・ベンサム、カール・マルクスらと、フランス啓蒙主義のルソーの系譜だった。彼はかつて『産業人の未来』(一九四二年)において、その図式を理性万能主義から全体主義への道として理解し、そのような思想系譜からの決別に意を用いてきた。

そこでは、「二〇世紀の三悪人」と名指す同時代人ヒトラー、スターリン、毛沢東による知識の占有と暴力への対抗軸として、人間の自由の復権が目指されている。そのために、労働現場や市井の人々のささやかな営みを認め、相互を生産的かつ創造的に結び付ける知識を必要とした。知識は他者との生産的関係なくして意味をなさない。知識は、社会のために用いれば生産的な関わり方が育ってくるし、人と社会を結び合わせる触媒ともなるからだ。

そのような社会を彼は「知識社会」と名付けた。これを新たな社会形式としてだけ受け取るのでは不十分である。人々の感受性や、精神、共同体文化、すなわち新たな世界観を示す理念として受け取らなければならない。二一世紀を目前に新しい社会文化を創造するには、モダンと呼ぶ一九世紀的合理主義から、ポストモダンの思考への移行を必要とする。

日本では、『断絶の時代』は一般でも評判を呼んだ。新聞、雑誌、テレビなどでも「断絶」は流行語になり、日常的に口にされるようになった。また当時の知識人や権力者の間でも、同様であったようで、日本の総理大臣・佐藤栄作が多忙な中『断絶の時代』を通読したと雑誌で語っているのはその一つであろう。

知識——新たな資源

一九五五年『ハーパーズ』に発表した長大な論文「オートメーションと新しい社会」で、ドラッカーは戦後のアメリカのベビーブームがやがて大学入学者の激増を生むと見ている。一九五〇年代における復員軍人の大学卒業者数は一九六〇年代の知識労働の需要の急増を意味していた。一九五六年までに、約七八〇万人の復員兵がＧＩ法の教育特典を得て、うち二二〇万人が大学に入学し、残り五六〇万人は何らかの職業訓練プログラムを受講していた。知識とは社会の側のみならず、労働の側の要求でもあった。継続的に知識人を輩出する教育システムが整備されれば、社会の側に受け皿がなければならない。すなわち、教育を受けた者にふさわしい職業が提供されなければならない。高等教育を受けた者にしかるべき職業を提供することが、社会への要求となり、知識社会への移行を促したとドラッカーは説明している。それに付随して、組織社会の輪郭もまた『断絶の時代』では描かれている。ドラッカーが繰り返し用いた比喩は、オーケストラであった。「組織とは旋律のようなものだ」とドラッカーは語っている。オーケストラの語源は、古代ギリシャのオルケストラ、すなわち舞踏場である。楽譜のように明示的な指示ばかりでなく、暗黙裡に蓄積されている知識も総動員して楽団を動かしてゆく。そこには完成というものがない。端的に次のようにドラッカーは述べている。

「知識とは、電気や通貨に似て、機能する時に初めて存在するという一種のエネルギーである」。

音楽が表現するのはエネルギーの統合の働きである。プロ演奏家たちの優れたところを見つけ出し、引き立て、統合を成し遂げるのが指揮者の役割である。部分の間にある関係の力を最大化する。マネジメントで語られるマネジャーの役割も同様である。

指揮者が交響曲のスコアを解釈し、演奏するのに似て、ドラッカーの想定する知識には実践と解釈が入ってくる。知識を有用なものとして変換できるかどうかは、専門能力、技能、美意識等に依存してくる。それは成り立ちから言ってプロフェッショナルの仕事である。ゆえに、専門家と一般人との間にはギャップがあることが多く、そのために、知識には重い責任が伴う。

知識を持つ者の多くは、組織に無条件の忠誠心など持たない。組織への忠誠をドラッカーはほぼ重視していない。それはあってもなくてもよい。むしろ、賃金や待遇をちらつかせて知識ある者を引き止める組織の無能は、折に触れて批判している。知識労働者を惹きつけるのは意味ある貢献だけというのがドラッカーの考えだった。

近年になってから、専門家集団のマネジメントの要諦は完全に一般化しつつある。たとえばグーグルの会長兼CEOを務めたエリック・シュミットは、ドラッカーの知識観を受け取り直し、「企業が成功するには、最大の競争力要員たる知識労働者を惹きつけることができなければならない」と述べている。シュミットの見解は同社の黄金律となったが、グーグルだけでなく、もはやあらゆる知識企業、知識労働者に普遍的に妥当する事実と言ってよい。

「断絶」の由来

ドラッカーは、新著の書名については相当に悩んだ。彼の意図した時代転換は、本来多元的なものであり、単純化することも画一化することもできない。刊行に先立つ一九六八年四月二九日付書簡で評論家ジョン・フィッシャーに苦心を語り、一時期「The Recent Future（近い未来）」に傾きかけたが、決めかねていると書いている。書くべきことのおおまかな考えはその時点で持っていたが、ごく漠然としていた。

かねてより彼は、ドイツと日本の同時出版に強いこだわりを見せていた。海外出版にあたっては、文化の異なる読者に対しても、今までにない鮮烈なイメージを喚起しなければならない。いつしか否定の接頭辞を持つ「Discontinuity（非連続）」が彼の頭に浮かんだ。非連続とは連続を打ち消すものであり、絶対的に確かなものがない不安とともに、自分で答えを見出していかなければならない解放をも感じさせる。

では、訳語「断絶」はどのように生まれたのか。日本の読書界は固有の翻訳文化を持ち、出版は事実上原著と翻訳の共同作業となる。翻訳は、読者の理解可能な言語の創造と同義だからである。訳語を「非連続」とすると、正確であってもどこか凡庸な印象を与え、日本の読者からは聞き流されてしまう危惧があった。思い切って「断絶」と言うと、そこで人はぎょっとさせられ、自分との関わりに気づいてもらえるのではないか。その目論見は見事に的中した。

訳語の選択には、日本版編集者・藤島秀記の直観が働いていた。日本版タイトルの決定は、出版社の編集担当者が行うのが慣例となっている。ドラッカー本人と手紙のやりとりを行い、藤島は訳語を総合的に検討した。後年の回顧によれば、社内では論争になり、当初は直訳に近い「非連続」や「不連続」に傾いたが、真意は表現し尽くせないと藤島は感じていた。

「『断絶の時代』は学生紛争とともに生まれたと言っても過言ではない」と藤島は述べている。訳語に関する議論がつづく中、東京大学社会科学研究所に用事があり、藤島は赤門をくぐった。

一九六八年当時、フランスの五月革命や、東ヨーロッパでのプラハの春から始まる民主化運動、アメリカを席巻したベトナム反戦運動や公民権運動、中国の文化大革命で世は騒然としていた。東大もまた時代の波に包まれていた。学内には大学当局弾劾の立て看板が並んでいた。本部封鎖、無期限スト等伝統墨守を拒否する炎の文言の数々の一つに、藤島は「断絶」の語を認めた。時代の奥深くにある渇きに似た語感が、感じたことのないニュアンスを示唆していた。日本語タイトルへの採用を藤島は決意した。

訳語には賛否両論あり、「非連続」を頑なに用い続けた専門家もあった。レトリックは時に明快であり、時に「わかった気にさせる」効能も持つ。多くの読者にとっては、端的に言ってもらえばそれに越したことはないが、その語を厳密に解釈しようとした時、概念内容は決して簡単明瞭ではない。本来『断絶の時代』の説く世界観の変容や多元化とはおいそれと単純化などできないものである。そう考える人からすれば、「断絶」は語感としては耳当たりがよくとも、それゆえに、読者を誤り導くように思われたのも無理からぬところがある。

著者本人は、日本語タイトルに賛意を示した。元来ドラッカーはレトリックの人である。今を生きる人々の新たな認識獲得に協力することが決定的に重要なのであって、訳業上の厳密性が問題なのではなかった。ダイヤモンド社で当時海外版権を担当した斉藤勝義によれば、タイトルについて尋ねられた際、ドラッカーは次のように返している。

「書物とは私にとって子供の名前のようなものだ。一度つけてもらった名前は私にとっては愛着の対象になっている。「断絶」を気に入っている」。

同書は東京工業大学教授・林雄二郎による訳で、当時として高額な一八〇〇円、初版三〇〇〇部でスタートしたところ、間もなく二〇万部を超えた。一度言葉が働き始めると、誰も止められなくなる。ダイヤモンド社の新社屋は「断絶ビル」と呼ばれた。

渋澤栄一

『断絶の時代』が刊行された一九六九年は、初来日から一〇年目にあたる。それまでに、美術はもとより、歴史と文化からも日本への造詣を彼は深めている。日本への言及も『断絶の時代』には頻繁に見られる。

改めて近代史を見る時、ドラッカーの目前に浮かび上がってきたのが日本の明治維新だった。西洋文化を果敢に取り込みながら、大きな犠牲を払わず近代化を成し遂げた明治維新は、保守革命の手本と彼の眼には映った。序では「明治維新百年」への祝意を表してもいる。日本の改良能力を高く評価し、それは「日本の西洋化でなく、西洋の日本化」だったと彼は語っている。

ドラッカーの著作を見ると、一九五四年の『現代の経営』に日本への言及は皆無である。少しずつながら言及が見られるのは一九五九年の『変貌する産業社会』からであり、日本訪問時期とそれは絶妙に一致している。一九六〇年代の『創造する経営者』『経営者の条件』のあたりから徐々に日本企業、経営者への言及頻度は上がり、『断絶の時代』で極点に達している。経営者との人的交流、彼らとの相互作用のうちにドラッカーの日本観は育まれていた。ただし、その日本へのまなざしはいわゆる経済や産業等にとどまらない。欧米人が日本に対して差し向けがちな型どおりにはとらえずに、生き生きと日本をとらえている。その一つに実業家・渋澤栄一への言及がある。与えられた権限を利己に用いない良心、社会第一の使命感を高く評価し、成熟したマネジメントの実践者を、彼は渋澤の中に見ている。渋澤の『論語と算盤《そろばん》』(一九一六年)には、利潤とは社会発展の原資にほかならず、それ自体を動機とする活動などは事業の名に値しないとある。

渋澤の人と事績に触れた経緯は定かでないものの、彼への理解は決して浅薄なものでない。ドラッカーは、優れた経営者ということにとどまらず、彼の生き方そのもの、すなわち行動を内面で支える倫理意識に注視している。時代の転換期に社会の壁をしばしば奔放に破り、固有の状況にふさわしいシステムの創造を担った実践人、極東の小国を大国に押し上げた功労者として渋澤をとらえていた。

経営を責任と見た点で、ドラッカーは渋澤をヴァルター・ラーテナウ(第1章参照)と同等の位置に置いている。変化の中で起こりつつあること、必要なことを機敏に読み取り、ふさわしい判断と行動を行う責任ある人格が見出されている。自由でありながら、価値観にしっかり裏打ちされた生き方は、時間と資源獲得に追われる現代人に何と爽やかに映ることだろうか。

コンサルタントの国永秀男は、晩年に近いドラッカーを数度訪ねて教えを受けたことを語っている。その時「日本には世界が参考にすべき人が多くいるが、その一人が渋澤栄一である」と強調し、「日本人はさほど熱心に渋澤について学んでいるようには見えない。日本人はもっと渋澤を学ぶべきだ」とも彼は付け加えたという。

渋澤は五〇〇とも言われる企業のみならず、六〇〇もの社会団体、大学、病院等の非営利団体を設立・支援した。ドラッカーが期待したのは、歴史の叡智を現代にリバイバルさせることだった。歴史と現代は分離しているのではなく、現在の中に歴史が生き続けていることを、渋澤を通して日本人へ語りかけたのである。

アメリカ技術史学会

ドラッカーは、知識を考えるうえで技術の役割をことのほか重く見た。ただし、技術それ自体には驚くほど関心を示していない。意味を持つのは、技術がもたらす認識である。技術の変化に伴う認識の変化を、現代の知識をめぐる課題と彼は見ていた。

アメリカ技術史学会への関与からもそれを知ることができる。二〇〇九年の学会誌『技術と文化』(五〇号)には、同学会の創設者の一人としてドラッカーへの言及がある。ロバート・ポストによる学会設立をめぐるエッセイでは、一四ページにわたりその足跡に触れている。

アメリカ技術史学会は、技術の発展と社会・文化との関係を研究対象として、メルヴィン・クランツバーグやリン・ホワイト・ジュニアによって一九五八年に設立された。現在も一五〇〇名、三五か国以上の会員で活動を続けている。ホワイトは、設立前から、「会長にはドラッカーが最善」として、有力推進者候補に挙げていた。

同年三月、クランツバーグが学会誌顧問編集者就任をドラッカーに懇請する書状を認めたのが、両者の関係の始まりだった。「過去の事象の多様な組み合わせをもって変曲点を把握しようとするドラッカーの歴史家の一面に強く惹かれた」のが直接の理由であったと後に書き記している。

八月二三日、クランツバーグのもとにドラッカーからの返信が届いた。顧問編集者就任については、自分は書き手であり編集に適性はないとの理由で辞退しているが、論文「仕事と道具」がそこに添えられていた。「仕事と道具」は、物質より仕事を中心とすべきとする論文だった。「技術とは、人間のための人間による活動であり、つまるところ、それは仕事に関わることである」と彼は述べている。その論文は創刊号(一九五九年冬号)を飾ることになった。

人間は、技術を解釈し、適用する。技術はそれ自体が目的なのではなく、個別的な状況の中で人間が主体的に有用性を作り出す。アメリカ技術史学会に対してドラッカーが寄せた大きな期待は、この認識にもとづく。ドラッカーは、論文四本、書評三本、コメント二点を学会誌に寄せた。クランツバーグがオックスフォード大学出版局から一九六七年に刊行したキャロル・パーセルとの共編『二〇世紀の技術』においても、彼は「二〇世紀の技術動向」「二〇世紀の技術と社会」を執筆している。フォーチュン五〇〇社の知人・友人に協力を要請し、設立間もない学会の人的・財務的基盤の確立にも尽力している。

『技術・マネジメント・社会』は一九五八年にドラッカーが出版した論文集である。同書には、「仕事と道具」「科学と技術」「古代の技術革命に学ぶ」の既出論文に、『二〇世紀の技術』に寄稿した二論文を加えた。なかでも、「古代の技術革命に学ぶ」は、技術史をマネジメントとの関連で広汎に取り扱っている。技術革新はメソポタミアで始まった灌漑《かんがい》都市によって出現し、同規模の進歩は一八世紀の産業革命以降まで現れなかったとドラッカーは論じている。その後、組織を研究する必要が生じ、フレデリック・テイラーやアンリ・ファヨールによるマネジメントの発展を見たと説明している。

技術とは彼にとって、端的に仕事に関わることだった。後に「仕事が社会秩序やコミュニティを規定する中心的な要因であることが明らかになり、『仕事の歴史』という著作を構想するに至った」と彼は述べている。人間活動としての仕事こそが技術の役割、価値、制度、知識と、信条、個人、社会との関係を明らかにする。技術研究とはその意味ではマネジメント研究にほかならなかった。

第2節　西海岸移住

転居

ニューヨーク大学での六〇歳の定年を控えたドラッカーは、インタヴューでこう語っている。

「五八歳になった。大きくなったら何になるのかまだわからずにいる。そういうと私の子供たちはまたかと苦笑いするが、決して冗談のつもりではない。人の一生がどう展開するかなど最後までわかったものではないからだ」(『サイコロジー・トゥデイ』一九六八年一〇月)。

生活態度に秘められた信条がその発言には隠されている。生涯にわたり自己を未完だと彼はとらえた。未完なのだから、主体的に生きるべきだ。晩年に近づくほどに、かえってさまざまな活動を同時に開始し、続けていった。

その点を見る時、すぐ思い浮かぶのは、彼がつど選択した居住地である。ドラッカーの精神の働きは、どんな時も新たな土地とともにあった。

全体主義を、なぜ生涯の課題としたのか。金融街から何を学んだのか。社会的共生に目を向けるようになったのはなぜか――。移動に込められた真意が見えてくる。

一九七〇年のインタヴューで、「マネジメントには少々飽きている」とドラッカーは述べ、心中に生じた変容をほのめかしている。ニューヨークには多くのクライアントや出版業者が集まっており、成功しつづけることは比較的容易だった。東海岸の冬は厳しかったが、このように便利な居住地は他になく、事実、著作や論文を活発に世に送り出した。周囲との摩擦なく有利な立場で環境に適応しており、自身の名を冠したコンサルティング会社の設立まで考えて不思議はなかった。しかし、特定の環境に縛られると、周縁に目が向けられなくなる。その生き方を彼は選ばなかった。

加えて、マネジメントは一般に広く知られ、その働きは自由社会の原動力を踏み越えて、社会そのものを変えるまでに強大となった。その状況は、ドラッカーを内省へと誘った。ニューヨークには新しい時代のヴィジョンが見出せなかった。あまりに経済を中心に合理化され、固定化されたその文化は、彼の関心を惹かなくなっていた。何らかの行き詰まりを感じた時に、彼が第一に行ってきたのは、何かをやめ、選び直すことだった。それが過去の奴隷にならないための彼の習慣だった。

さすらいの人生をふたたび彼は選んだ。新天地として目をつけたのは、西海岸カリフォルニアの小都市クレアモントだった。今一度アウトサイダーとして生き直す選択をした。

一九七〇年九月九日、クレアモント大学院大学（CGU）フィリップ・M・ライス学部長との書簡で、社会科学担当教授就任を受諾すると返信している。

カリフォルニア州クレアモント

南カリフォルニアの気候は温暖で、夫妻ともにクレアモントが気に入った。健康と精神の調和、晩年の創造のための静かな時間、そして自然と人間とのふれあいをそこはもたらした。新しい文化の新しいマネジメントを深め、クレアモントの地に熱を注ぎ込むことで、新しい自己を形成していこうとした。

クレアモント大学院大学ドラッカー・スクール（八木澤智正氏提供）

クレアモントは人口三万人ほどであり、ロサンゼルス郊外のインランド・バレーと呼ばれる経済圏に属している。ロサンゼルス中心部から東へ約六〇キロ、モハベ砂漠にほど近く、三〇〇〇メートル級のサン・ガブリエル山脈の麓にある。

北部は、彼が頻繁に散策したホイットニー山麓の丘になっている。乾燥した気候ながら、散水が丹念に行われているために、緑の眩《まぶ》しい一画である。研究者が好んで住むことから、「木々と博士の街」とも呼ばれる。市の中央をフットヒル・

山歩きするドラッカー（ダイヤモンド社提供）

ブルバードと呼ばれる「ルート66」が東西に横切り、やや南を東西に大陸横断鉄道が走る。中央に、山麓からルート10の南までを走る坂道インディアンヒル・ブルバード、その東側にクレアモント大学学群のメイン・キャンパスが広がる。

　一九七一年、クレアモント大学院大学クラーク教授（社会科学・経営学）に彼は就任し、新しい時代にふさわしい、教育機関新設の計画にも加わった。新しい文化とリアリティに共鳴する、具体的なプログラムへの着手をそれは意味した。その心境は、ジャーナリストのビル・エモットに宛てた一九九四年一〇月一二日付書簡からも窺うことができる。

「私は一九七一年に六二歳でここクレアモントに来た。ニューヨーク大学の定年に達しようとしたので、教えることをやめなければならなかったが、クレアモント大学院大学は、私が望む限り教えてもいいと言ってくれた」。

　加齢で肉体が衰えても、精神は成長し続ける。まず彼はカリフォルニアの若い文化に参入することにした。この地の伝統は浅いが、文化の浸透は早い。若い土地は、人生の原点、志を取り戻す機会を彼に与えた。

四年制のポモナ・カレッジで有名なクレアモント大学群の一つ、クレアモント大学院大学は一九二五年設立の九拠点、二二分野で修士号・博士号を授与する研究機関である。学際的・実践的な研究活動を特色とし、学生対教員の比率は低い。ポモナのほかにハービーマッド・カレッジ、クレアモント・マッケナ・カレッジ等は全米大学ランキングでも上位にランクインしている。

移動は、ドラッカーのコンサルティングにも変化をもたらした。全面的に企業コンサルから手を引いたわけではないものの、一九七〇年以降控えるようになった。旧知のプレミア・インダストリーをクライアントの一つとしていたが、一九七一年、訪問を約束できないとの理由で、モートン・マンデルCEOとの面会を断っている。GEのジャック・ウェルチ、インテルのアンディ・グローブとともに、マンデルは「尊敬する三人のビジネス・リーダー」（『フォーブス』一九九六年一〇月一四日）の一人として、ドラッカーが特筆した経営者だったのにもかかわらず、である。

代わって、以前にも増して積極的に地元教会、病院、大学、図書館等の非営利組織の相談に乗るようになった。

『マネジメント――課題、責任、実践』(一九七三年)

クレアモント移住後のドラッカーは、それまで蓄積したマネジメントの体系化に着手した。三点の主要経営著作『現代の経営』(一九五四年)、『創造する経営者』(一九六四年)、『経営者の条件』(一九六七年)を編み直し、一九七三年、八〇〇頁に及ぶ大著『マネジメント――課題、責任、実践』を刊行している。それまでの著作と異なる問題意識を、同書には見出すことができる。

冒頭、マネジメント・ブームの終わりから彼は書き起こしている。第二次大戦後において、マネジメントは産業界に大きな足跡を残してきた。だが成長は飽和し、誰もがブームの終焉に気づいていた。成長後にふさわしい、新しい経営哲学がないことが問題だった。『マネジメント』は、経営哲学が新たに構想されることを渇望している。マネジメントに可能性があるとすれば、どの方向においてであるのか。人々の意識をそこに向けさせようとした。

同書は、経営の意味や方法を逐一示すものではない。既成の知に反省を加えつつ、人間のささやかな営みを問い直すところから始めている。自由競争がいかに経済的な効率を実現したとしても、社会にとってそれが有益かは別問題である。利益の追求が社会を破壊するならば、それは悲劇にほかならない。

かりに顧客を得て成功しているからといって、社会を益しているなど甚だしい思い上がりである。よかれと思って行っていることでも、未来世代に破壊的な影響を与えることも考えられる。企業活動は、現在に止まらない責任をも担っている。

「企業は社会と経済の創造物であり、社会や経済は一夜にしてどんな企業も廃業に追い込むことができる」、と彼は書いている。消費者運動や環境主義は、打ち負かすべき敵ではなく、社会から突き付けられた警告だった。

そうした観点から、彼は改めてマネジメントの責任原則を三点示している。

一つ目は、顧客に対して、組織固有の役割・使命を忠実に果たす責任である。

二つ目は、仕事を通じて働く人々を生かす責任である。人を孤立させず、支え、励まし、一市民としての成熟を促す。後の一九八九年の時点で、「教育はもはや学校に限定されることはできない。あらゆる雇用機関が教師にならなければならない」と彼は述べているように、自身の強みを持ち寄り、協働のもとに成果をあげることで人は自由な市民へと育っていく。地方自治を民主主義の学校と見たＪ・ブライスと同じ論法である。

三つ目は、社会を害さないことへの責任である。ギリシャの医聖ヒポクラテスの誓い「まず害をなすなかれ（Primum Non Nocere）」の原則であり、組織の至上命題にほかならない。好ましくないリスクを予測・評価し、あらかじめ制御と最小化に努める義務がある。予防に無策であれば、いかなる理由であれ、社会から厳しい指弾を受け、廃業にまで追い込まれる。

故買屋フェイギンの泥棒学校

「ドラッカーにはビジネス、あるいは資本主義そのものにさえ根源的な疑義があった」と『ビジネスウィーク』編集者のジョン・バーンは指摘している。それは驚くほどに正確な見立てと言ってよかった。

企業や産業について書いたことから、ドラッカーは体制順応型の書き手と見なされる傾向がある。しかし、利潤の最大化を企業行動のすべてと見るミルトン・フリードマン系の学者を彼は断じて受け入れなかった。利益は事業の原動力の一つだが、「行動の説明や未来への指針」にはなりえないとの確信からだった。

ドラッカーが移住したこの頃、世界で暮らすあらゆるコミュニティに対して、グローバル市場は力を持つようになっていた。利益と共生の乖離は、一九八〇年代以後顕著となり、問題を露呈していった。本来、自己調整能力が社会には備わっているが、世界恐慌(一九二九年)やリーマン・ショック(二〇〇八年)に見られるように、均衡や安定が突然崩れることは歴史上しばしば起こる。資本主義は脆く、安心できる体制ではないことは、青年期の記憶からもドラッカーは知り抜いていた。そうした脆い体制において、企業が金儲けに傾くほどに市民社会から孤立し、社会の側からの敵意と偏見も生む。それは「産業社会の最も危険な病弊の一つ」とドラッカーは述べている。

ブルース・ローゼンステインによる最晩年のインタヴューで、「金儲け主義の人たちをずいぶん見てきたが、例外なく惨めになっている」と彼は返している（ローゼンステイン『ドラッカーに学ぶ自分の可能性を最大限に引き出す方法』）。ビジネススクールに在籍する学生が利益追求に明け暮れる姿をもドラッカーは冷ややかに眺めてきた。クリアカットな結論ばかりを求めて、背後にある人間社会に思いを致すことのない学生や教師を嫌った。一九七〇年のインタヴューでは、「私はMBAがどうも好きになれない」と述べているように、高収入への野望をいささかも隠すことをしないMBA志願者の態度をはっきり下品と彼は感じていた。大学への多額寄付者リストに名を連ねていても金への欲望を隠すことのない野心家を嫌い、そのような人間とは目も合わせなかったと言われている。

一九八〇年頃、ビジネス界の圧力から、大学でのスキル習得を求める声が上がり始めていた。高等教育は市場で購入可能な商品と見なされ、「消費者」である学生は授業料に見合う利得を当然の権利として要求するようになった。就職や転職に有利な知識や人脈の獲得が目指されるようになった。多くの人は自分なりに問い、自分なりの回答を得ることを億劫がり、儲かるための手っ取り早い方法を求める。教育の自死寸前の惨状をドラッカーはそこに見ていた。

彼の著作をいくつか読むとわかるように、その倫理観は意外なほど古めかしいものだった。

「古風な私としては、教育とは特権を与えるものではなく、義務を課すものであるとの信念から、そのような風潮には異議を唱えざるをえない」。

知識は一部の特権階級の占有物ではなく、ドラッカーにとっては世に貢献すべき責任資産だった。彼は、一九九四年一二月号『エコノミスト』に「すりと売春婦のための故買屋フェイギンの泥棒学校」と題する論考を寄せている。故買屋フェイギンとは、ディケンズの小説『オリバー・ツイスト』に登場する悪徳指南学校に由来する。ビジネススクールをそれになぞらえて、「MBAは視野狭窄と金儲けの泥棒学校に成り下がった」とドラッカーは指弾している。

ナチズムや社会主義から自由になった後、人々と社会は、貪欲な資本主義にからめとられていこうとしていた。企業社会の旗振り役を務めてきた彼の中で、オプティミズムはすでに失われていた。そろそろ社会を本気で考え直さなくてはならないのではないか。

ドラッカー・スクール

クレアモント大学院大学にエグゼクティヴ向けのマネジメント・センターが創設されたのは、一九八七年一〇月二一日のことだった。彼の名を冠して、ドラッカー・スクールと呼ばれる。

ドラッカー・スクールは、MBA、EMBA（エグゼクティヴ対象）、アートマネジメント修士、政治・ビジネス・経済学修士（CGUの政治・経済学部と共同）のプログラムからなり、研究への強いコミットメント、価値志向、大学院生のみのカリキュラムを持つ。『プリンストン・レヴュー』によって、教員の質が全米第五位にランクされたこともある。

創立記念講演でドラッカーが語ったのは古代ギリシャの彫刻家フェイディアスの物語だった。フェイディアスの作品は、今なおアテネのパルテノン神殿の庇《ひさし》を飾っている。「背中は見えない」としてアテネの会計官は支払いの一部を拒否したが、フェイディアスは「神々が見ている」と返し、さらに誰も見ていなくとも恥ずかしくない仕事をすべきと語ったという。

仕事とは人格の延長にあると見た彼は、フェイディアスの姿勢を真摯さ(integrity)と呼んだ。真摯であるには、思考、意志、そして行動が伴わなければならない。クレアモント大学院大学ニュースリリースの一九八七年一〇月号で彼は述べている。

「経営者と半世紀仕事を共にしてきた。最初に学んだのは、真摯でなければならないことだ。天才を要する仕事などない。大切なのは姿勢である」。

多くの人生は時にみじめで不格好である。成功することもあれば失敗することもある。しかし、社会と関わろうとするならば、真摯でなければならない。それは観念ではなく、プロの実践倫理だった。カリキュラムに「倫理」を冠する科目があえて置かれなかったのは、それが万学の基礎だと考えたためだった。大学院大学のカリキュラム作成の任にあたったシンシア・モリナによれば、人格上のディシプリンがスクールでは最重要視されており、知識はその結果に過ぎないと理解されていた。

ドラッカーの運転手を務めたセレステ・パルマーは、しばしば講義に参加し、「誘惑への衝動は誰にでも起こるものだが、われわれはその誘惑を魅力なきようにしなければならない」との彼の言葉を記憶している。真意を理解するのに受講者はやや時間を要したが、教室は沈黙に満たされた後、「エグゼクティヴがいかに倫理的経営を現場で行うか」についての活発な議論が起こった。

講義にはユーモアと熱意が横溢していた。二〇〇三年にMBAプログラムに留学した製薬企業勤務の八木澤智正は、講義中しばしば大きく脱線し、「この話は面白いか」と受講生に確認しながら話し続けたドラッカーの姿を思い起こしている。

ドラッカー・スクールは規模こそ小さいが、志すところは大きかった。卒業生を、あらゆる人・組織と多様な仕方で関わり合えるプロフェッショナルに育てることを目標とした。生きた人間関係は、誰よりもドラッカー自身がクレアモントで形成している。彼の付き合いからはビジネスの単一志向が慎重に排され、行政や教会指導者、NPO（非営利組織）関係者が一定割合を占める配慮がなされた。スクールではソーシャル・セクターのリーダーを受け入れることで、教室を社会の実態に近づけようとした。講義でもとりわけそのことは強調された。毎年一〇年前の卒業生五〇名から六〇名に電話をかけ、「振り返ってみてこの大学院は何に貢献できたか、今でも役立っていることは何か、どうしたら改善できるか」を尋ねた。

　スクールに必要な研究者には手ずから電話でオファーした。ジミー・カーター大統領のアドバイザーを務め、リーダーシップ研究で著名なジーン・リップマン・ブルーメン教授もその一人だった。一時間超の電話による懇請を容れて、ブルーメン教授はワシントンD.C.からクレアモントに移りドラッカー・スクールで教え始めた。間もなく同校の魅力に入れ込んだ彼女は、今度はシカゴ大学で教鞭を執るフロー理論の提唱者ミハイ・チクセントミハイをスカウトして教授就任を実現させた。後に同スクール学長を務めた日本人教授の山脇秀樹は、ドラッカーの講義に直に接して、「今まで目にしたどの講義とも違い、これこそが真の経営学」との感動を覚えたと振り返っている。

ドラッカーと伊藤雅俊（ドラッカー・スクールにて．The Drucker Institute at Claremont Graduate University 提供）

　没するまでの三五年間にわたって管理職に就かず、一教授として教え続けた。博士課程の指導はほぼ行わなかった。学内会議免除の契約を交わし、その時間を執筆、講演、コンサルティングに充てた。運営について学長との定期面談の場を持ち、意向は学校経営に反映された。
　ドラッカー・スクールは、二〇〇三年に日本の友人でイトーヨーカ堂創業者の伊藤雅俊が二〇〇〇万ドルを寄付した縁から、ドラッカー&イトウ・スクールに名称変更した。

『傍観者の時代』(一九七八年)

一九七〇年代後半、彼は新しい著作にとりかかった。自伝的著作『傍観者の時代』(一九七八年)である。出生から第二次大戦終結までの小説風の作品であり、「ついに書きたくて書いた本」と彼は語っている。何より描きたかったのは、彼が見てきた二〇世紀の風景だった。二つの世界大戦で多くの人の死を目にしてきた中で、もう語ってもいいだろう、どうしても語らなければならないという記述が多く含まれている。マネジメントでの業績に及ぶ謎解きのヒントも詰まっている。

数あるドラッカーの著作の中でも、『傍観者の時代』を座右の書とする人は少なくない。若き日に交流した異能の持ち主たちが、ここには生き生きと描かれている。現実の人間の軌跡は複雑で混沌としているのが常である。考証を要求するならば信用の置けない書物であろうが、彼はであった一人ひとりのイメージを大事にして、その印象を克明にデッサンしている。ジークムント・フロイト、カール・ポラニー、マーシャル・マクルーハン、バクミンスター・フラー、アルフレッド・スローン等にも十分に紙幅は割かれ、ドラッカーの視点は描き出した時代と融合している。

どの部分も、共通したモチーフが通奏低音として鳴り響いている。第一次世界大戦とナチスによる「浪費された世紀」の諸相がそれにあたる。

とりわけフランクフルト時代の同僚記者ヘンシュについての性格描写をドラッカーは緻密に行っている。ヘンシュは、ナチスと共産党の二つの党員証を持っていたと語られ、エゴイズムをむき出しにした、その異常なまでの上昇志向が描かれる。

ヘンシュは「出世したいから」ナチスに入党する。こうした権力追求者は、党のドグマを進んで受け入れることで自己を救済しようとする。恋人はユダヤ系であるのに、ナチスの吸引力になすすべもない。やがて「怪物」と恐れられ、敗戦によってナチスとともに滅びる。

ヘンシュの逸話は、体制が人間に突き付けてくる絶対的な悪を主題としている。ヘンシュは、『経済人の終わり』で強調される絶望した大衆そのものである。

こうした破滅した人生の描写が、『傍観者の時代』には少なくない。破滅者はみな精神が死んでいる。キルケゴールの言にもあるように、ある種の人々は、肉体の滅びる前に、すでに精神において死んでいる。党で出世しても、金や名声を手にしても、教養があっても、精神が死んでいれば、いずれは破滅せざるをえない。ここでそのような人々を彼があえて取り上げたのは、ナチス体験の傷の深さからきているのだろう。深刻な心の痛みを、半ばフィクションの形式で、時にユーモアの力を借りて、渾身の力を込めて言葉にしているように読める。

本書冒頭には、ピクニック中の不慮の事故で、四歳で溺死した孫娘エイミー(長男ヴィンセントの娘)への献辞「短い生涯で、多くの喜びと愛を与えてくれた人」が添えられている。

『イノベーションと企業家精神』(一九八五年)

ニューヨーク大学大学院で、ドラッカーの講義に出席したインターコンチネンタル・ベーカリー元会長エイモリー・エイヤーズは、「ドラッカーが目を向けさせようとしたのは、事実そのものの変化よりも、事実に伴う認識の変化だった」と回顧している。この指摘は、ドラッカーのイノベーションへの見方の根幹を表現しているように見える。

イノベーションに関する代表的著作が、『イノベーションと企業家精神』(一九八五年)である。彼のイノベーション研究は、遡ること三〇年前、ニューヨーク大学の教室で始まった。その研究では国内外を問わず、さまざまな規模の企業、公共機関、非営利組織、教会との関連で広汎な対象を事例に用いている。企業家精神は学ぶことができ、また学ばなければならないこと、そしてすべてのマネジャーは企業家でなければならないと述べているが、ある要諦にドラッカーは注意を促している。

イノベーションは未来の誰に対しても起こる体験の先取りなのだから、誰もが理解可能な程度に単純でなければならないということである。幼児でも理解できるレベルにまで単純であることは、その真価を測るうえでの重要な尺度と言える。逆に言えば、誰もが理解できなければ、いかに大発見・大発明であったとしても、意味あるイノベーションとはなりえない。

「新しいくせに大きく見えるものこそ怪しむべきである。成功の確率はごく小さい。イノベーションに成功するものは小さくしかもシンプルにスタートする」(『イノベーションと企業家精神』)。

人類史的な発明・発見は、存外大きな変化につながらないとドラッカーは指摘する。イノベーションが人と社会に価値あるものとなるためには、すでに社会にある事象を元手にしなければならない。変革が意味を持つのは、便益を受ける広義の顧客あってのことだからである。

一方で、目に見えないもの、謎としか言いようのないものが事業の世界にはいくらでもある。大切なものは隠れているが、見ようと思えば見える。隠れたものを「見えるようにする」視覚上の工夫を、ドラッカーはイノベーションの作法として提示している。

作法の一つに、不要なものを常時系統立てて捨てていくこと、彼の言葉を借りれば「体系的廃棄」がある。捨てるとは選ぶことである。事業の継続とは、厳しい選別作業の結果として成り立つ。残すべき事業を選択することが、生き残りの最善策となる。「死体を腐らせないほど面倒で難しいことはない」と彼は語っている。

成長の止まった事業もしくは、競争力を失った事業はすべて廃棄の対象となる。コストの浪費のみならず、資源の死んだ機会への集中を防ぐためだった。廃棄を習慣にすれば、官僚組織でさえ驚くほど創造性は刺戟されるとドラッカーは語っている。定期的に廃棄を検討するようクライアントに進言もしている。

イノベーションの視点の一つに「予期せぬ成功」がある。他者の文献には見出すことのできない、ドラッカー独特の言い回しである。「繊細の精神」によって、日常の中に非日常を見出し、常識の中から新たな知を見つけ出す作業が、何の前触れもなくそれをもたらす。想定とは異なる顧客が目の前に現れたら、彼らが未来の事業を教えてくれている。ある製品を特定顧客向けに出したところ、縁もゆかりもない人々の支持を得たとすれば、真の顧客は後者である。

予期せぬ成功が新たな価値をもたらした事例として、3Mの製品スコッチテープやIBMのコンピュータ事業等をドラッカーは挙げている。うっかりすると見過ごしてしまう「そよ風のようなもの」は、丹念な工夫と内省を通して初めて見えてくることを示している。

インターミッション ④ 失われた風景――小説『最後の四重奏』

『最後の四重奏』(一九八二年)は、ドラッカーの愛読者にさえさほど知られていない。刊行時もさして注目されなかった。原題は *The Last of All Possible Worlds*、「そうであったかもしれない最後の世界」である。

その小説は、ドラッカーの著作群から隔絶した離島ではない。むしろ、言説形成の起点として、豊かなインスピレーションの源を明かしている。あえて言えば幼少期から青年期にかけての「失われた物語」である。デブリンガー・ギムナジウム校長フリードリヒ・ヴェッセンシュテム博士宛の一九八四年三月一日付の書簡で「ウィーンや古いオーストリアを舞台にした灰色の時代」と小説の背景を語っている。『最後の四重奏』は、戻ることのない旧世界の生活、失われた記憶を小説の形式で表現した作品である。

語り手は章ごとに変わっていく。小説の構成を室内楽になぞらえ、楽章ごとに異なるソリストに託するようにドラッカーは筆を進めている。いつもの明朗なドラッカーとは異なる旋律とリズムを備え、最初から最後まで重い霧が立ち込めている。ドラッカーが生まれる前のヨーロッパ、一九〇六年のロンドンの数日間を小説の舞台としている。ソビエスキ大公がクロード・モネの絵画を購入し、若き日の甘美な記憶にひたる場面から始まる。その挿話に小説全体の基調が与えられている。伯爵で外交官のソビエスキ大公と妻のマルギット、数学者で銀行家のヒントン、銀行を経営するモーゼンタール、ヴァルト＝ライフニッツ等、登場人物が、それぞれの葛藤、狂気、欲望、愛を語る。特有の文化や風俗、生活をリアルに映し、読む者を失われた時代へと誘う。

それらは、彼の少年時代の記憶に関わりを持つ。故郷の生家の風景や、部屋に置かれた絵画、奏でられた音楽、交わされた言葉を、小説を書くことで「思い出していた」ようだ。現実とも幻ともつかぬ「記憶」は、彼の生活で現れたり消えたりしてきたことだろう。遍歴の人生を歩んできた彼にとって、故郷の記憶は、遠く離れたカリフォルニアで、過去との結び目であったはずである。廃墟となったヨーロッパに残してきた親族、友人、そしてすでにこの世にいない人々への追憶と憧憬――。自分を生み育てた人々とは、もう生きて再会はできなくとも、想起によってであい直すことはできる。彼は死者たちに向かって語りかけようとし、そこでまた死者たちの呼び声を聞こうとしている。彼ら一人ひとりを追憶することは、彼自身の心の原風景を追体験することである。ある時期からビジネス界に順応して生きてきた彼にとって、二〇世紀初頭の人々の交錯や内面生活を想像することは、知的エネルギーの源だった。そこに彼の固有性があった。癖や流儀は彼一人によって編み出されたものではなく、以前の時代からの継承物だからである。

こうして彼が生きていることは、自明の理ではない。恩寵としかそれは言いようがなかった。二〇世紀を幸運にも生き延びた彼、この世を現に生きる彼が、死者たちとどう向き合ったか。やがて来る死をどう受け入れるか。

自らの七〇歳の誕生日に、この小説を自らに贈ったとドラッカーは書きとめている。同郷の哲学者ヴィトゲンシュタインは、「語りえぬものについては、沈黙しなければならない」と述べた。その「語りえぬもの」について書かれたのであれば、報告すべき相手は誰より彼自身だったのだろう。

第5章 回帰 一九八九―二〇〇五

G. ブッシュ大統領から大統領自由勲章を受章するドラッカー(2002年7月9日. The Drucker Institute at Claremont Graduate University 提供)

おそらくヨーロッパでのファシズムと戦争の経験が、私を神経質にしているのだろう。

(『ニュー・パースペクティヴ・クォータリー』一九九八年春号のネイサン・ガーデルズによるインタヴュー記事より)

第1節　ポスト資本主義

文明の特異点――ブレンナー峠

八〇歳になっても、ドラッカーは心身ともに健康だった。秘訣は妻ドリスのペースについていくことだった。ドリスはといえば、九〇歳代半ばになってもテニスをプレーしていたほどだった。二人が山歩きを控えるようになったのは、九〇歳以後のことだった。探求心は老いてなおみずみずしく健在だった。一九九七年、『フォーブス』の表紙を八七歳のドラッカーが飾り、「いまだ若き頭脳」の見出しがそこに付された。

観察者としてのドラッカーはさらに活発に活動の場を広げていった。誰もが見ているようで目に見えにくく、実感しにくいもの、しかし見ようとすれば見えるもの、その気になれば見えてくるものを彼は観察した。

一九九〇年代、彼は非営利組織や社会的組織に盛んに言及している。並行して社会における最小単位、すなわち人間についての発言が活発に行われている点も注目に値するだろう。一九九三年には、社会生態学を直接取り扱う論文集『エコロジカル・ヴィジョン』(邦訳『すでに起こった未来』)と資本主義「後」の文明社会展望『ポスト資本主義社会』を出版するなど、旺盛な生産性を示してもいる。晩年の九〇年代以降に執筆された一連の著作は、社会生態学をめぐる思索が最も充実したことを示している。

『断絶の時代』から二〇年後に刊行された著作に、『新しい現実』(一九八九年)がある。冒頭には短いながらも、時代の変化を象徴する分水嶺をブレンナー峠に見立てた、イメージ豊かな描写がある。ブレンナー峠とは、イタリアとオーストリアの国境付近にある一見ごくありふれた峠である。古来よりそこは南欧文化と北欧文化の境目で、峠を越えると文化、宗教、言語、気候等はがらりと変わってしまう。

ブレンナー峠

「歴史にも境界がある。目立つこともない。その時点ではとくに気づかれることもない。だが、ひとたび越えてしまえば、社会的・政治的な風景が変わり、気候が変わる。そして、言葉も変わる。新しい現実が始まる。一九六五年から一九七三年のどこかで、世界はこのような境界を越え、新しい次の時代に入った」。

ポストモダン的観照という彼の思索の背景を見ないと、ブレンナー峠の比喩の真意はつかめない。過去・現在から未来へと流れる時間を、彼は地形に見立てている。記述は、明示されていなくとも近代批判が前提になっており、その精神に備わった一つの習性からきている。一九九〇年以後の彼の活動を見る上でもその視点は一つの鍵になってくる。

刊行から間もない一九八九年秋、ベルリンの壁は崩壊した。その時点ではいまだ起こっていなかったソ連崩壊への予期も『新しい現実』には見られる。社会生態を成り立たなくさせるのは、脳内で捏造されたイズムである。イズムが権力を形成することで、人間社会に壁を作り上げる。生きた人間同士が壁を挟んで憎み合うことは、互いに共生し同じ時間を共有する上で悲劇にほかならない。しかし、時代は明らかな臨界点に達していた。

一九九〇年以後を彼は、イズムやイデオロギーによる支配の時代が終焉を迎え、いよいよポストモダンが月満ちる前夜と見ていた。ブレンナー峠を越えた時代の背後に、二〇世紀の風景は遠く退こうとしていた。

一方で、一九八〇年代後半以降、予期しがたい事柄が実に多く現れ始めていた。一九八七年一〇月株価大暴落の後の所感をドラッカーは次のように語っている。

「この二年間は、あまりにもみっともない光景だった。「豚が貪り食う光景は、いつだって人をうんざりさせる」」。

ウォール街のブローカーを「安易な金儲けに走る、まったく不毛な群衆」と彼は名指し、企業や産業を取り巻く状況を深刻に憂慮していた。トレーダーだけが儲かる社会の危機は、目に見えていた。人間社会に生きている、あるいは生かされている事実を謙虚に受け入れなければ、冷淡で利己的な社会関係しか築き上げられない。新しい「大衆の絶望」さえ、そこには見てとれた。人が生きるのに経済を考えないわけにいかない。「天使が経営を行っても利益に関心を持たないわけにはいかない」と彼も述べている。危険なのは利益それ自体の持つイデオロギー性である。

さらに、産業のインパクトを社会がまともに受け止めきれなくなっていた。その理由の一つに、マネジメント階層を占める人々の倫理性の欠如があったが、衝撃を和らげるのに、企業経営者の倫理観のみに頼れる段階はとうに過ぎていると彼は見た。経済によって破壊・汚染されていく土壌を回復するための諸力を、彼は探し求めていた。

財産も学歴も名誉も、死ねば無に帰す人間、死すべき人間は、絶対的矛盾の中でいったい何のために働いているのか。何のために生きるのか。その問いに答えようともがくのが、実存の要求にほかならない。青年期にキルケゴールを学んだドラッカーは、ブレンナー峠を越えたところでも、この問題を考えつづけていた。同時に、テニエスから得た問題意識として、コミュニティを喪失した人間社会の行く末にも思いを致さざるをえなくなっていた。

資本主義に正統性はあるか

遡れば、一九六五年のW・ガザーティによる著作『若き経営エリートたち』に推薦の辞を寄せた際、「現代のアメリカの若手経営者は、仕事において有能な一方で、目的について思い煩うことがない」との危惧をドラッカーは表明している。彼らには仕事に対する自負もあり、ある種の熱意さえ感じさせるが、目的意識が欠如していた。仕事にのめり込み、周囲の状況とは無関係にひたすらそれに打ち込むことになる。時流に乗り遅れないよう前のめりに働く中で、いつしか自分も社会も見失っていく。『新しい現実』の序文に見えるのは、そうした危惧である。旧思想からは自由になったが、彼らは利益からは自由でない生活をしていた。利益をドグマ化して彼らは生きていた。これでは経済は心配なくとも、社会が心配だとドラッカーは語る。

利益追求にはある種の「業」がある。市場経済を彼は受け入れてはいるものの、それも他の経済、たとえば特権官僚が価格と供給量を決定する体制よりもいくらかましなだけに過ぎないと、ドラッカーは言っているのである。

後に『ワイアード』は「資本主義の教祖」とまで彼を呼んだが、その実、資本主義の批判者として、一九八六年、『パブリック・インテレスト』に「敵対的企業買収とその問題点」という論文を寄せ、過激化する資本主義の暴威を彼は論じている。資本主義も、マルクス主義やナチスのイデオロギーには勝ったつもりでいても、利潤追求に一元化されてしまえば、新しいイデオロギーにからめとられることになる。敵対的買収は、とりわけその象徴ともいえる醜悪な現実だった。

「敵対的企業買収が資源の効率的配分につながるなどという議論は、とうてい正当化することができず、それはレイダー(乗っ取り屋)の私利私欲以外なんらの目的も持たない」。

当時アメリカの敵対的買収の件数は少なく見ても四〇〇—五〇〇に及び、うち半数の事例では買収の標的となった企業は消滅している。買収された企業の経営が好転した例はほぼ見られなかったと彼は観察し、とりわけトップ経営陣の「ゴールデン・パラシュート」を批判した。敵対的買収やレバレッジド・バイアウト(LBO)によって中堅クラス以下が職を失う一方、トップ経営陣のみが誰にも説明責任を負うことなく多額のボーナスを手にして悠々とどこかへ去っていく。現場で働く人々は彼らにとって自己利益を実現する手段に過ぎず、そのような経済活動で手にする自由は、人や社会の犠牲で成り立つ虚妄の自由にほかならない。

市場優位の中でビジネススクールも変質した。人文系の学部の存在意義を問われるようになった。MBAは学生獲得で熾烈な競争を行った。アメリカのMBA学費がきわめて高額なのはよく知られるが、一九八八年『ビジネスウィーク』は、巻頭に全米MBAランキングを掲載し、卒業生の獲得賃金やスカウト件数を指標に、誌面を構成した。

資本主義は、今のままでは人間社会全体をふたたび絶望に陥れる危険がある。それをよしとするのであれば、あえて声を大にして語る必要はない。しかし、多くの人々が目にしているのに、危機と問題に気づかないふりをしているのであれば、積極的に語らなければならない。脱出のための対抗哲学が必要である。さもなければ、きたるべき二一世紀を浪費してしまうことになる。

『現代の経営』の結論では、そのことについて重要な主張を彼は行っている。

「最も重要な結論は、社会のリーダー的存在としてのマネジメントの社会的責任とは、公共の利益をもって企業の利益にするということである」。

公共の利益は、時々の責任ある決断によって実現するほかはない。その時彼の視界に入ったのが、NPOだった。かねてよりドラッカーは、社会にとってNPOは望ましいと見ていたが、この時点からは、望ましいものから、ポストモダンの社会に不可欠のものと認識するようになった。

前章で見たように、カリフォルニアに移住した彼は、地域社会、教会、学校、病院、図書館等に奉仕するリーダーの多くを学生として迎え入れ、時に相談相手にもなった。それはマネジメントとソーシャル・セクターとの間の架橋の試みにほかならなかった。

ポスト資本主義社会へ

世界史的事象の解釈には、かつての似た事象の体験が大きく影響してくる。八〇歳を迎えたドラッカーは、ヨーロッパ時代とも重なるような危機の認識を通して、原点回帰への志向を強めていった。最晩年、自分自身を「逆説家」であったと彼は述べているが、とりわけ九〇年代以後は、逆説としてしか説明できない領野へと自ら赴いていった。

『新しい現実』の四年後に刊行された『ポスト資本主義社会』(一九九三年)は、ブレンナー峠の先に広がる風景を克明に描いている。特に人間に直接関わるシステムへの言及、資本主義批判と表裏一体に論じられた教育批判がとりわけ印象的である。他の社会生態学的著作でも例外なく言及され、『ポスト資本主義社会』でも重視されているテーマが教育である。

知識社会の担い手となる資質を持つ人間像を、ドラッカーは次のように総括する。

「知識社会の中心は人である。知識は、通貨のような物的な存在ではない。知識は、本やデータバンクやソフトウェアの中にはない。そこにあるのは情報に過ぎない。知識は、人の中にある。人が教え学ぶものである。人が正しくあるいは間違って使うものである。それゆえ、知識社会への移行とは、人が中心的な存在になることにほかならない。したがって知識社会への移行は、知識社会の代表者たる教育ある人間に対し、新しい挑戦、新しい問題、さらにはかつてない新しい課題を提起する」。

知識とは彼によれば、人間の中にあり、同時に社会との共生で成り立つものである。そのため、知識を社会との関係で成熟させていかなければならない。

一九九四年五月四日、ハーバード大学ジョン・F・ケネディ行政大学院エドウィン・L・ゴッドキン講座に登壇し、「理論知のみでは競争力を維持できない」とドラッカーは語気を強めた。時はIT革命の前夜だった。

二一世紀の課題として、知識労働者、テクノロジストの教育にドラッカーは目を向けている。テクノロジストとは、技巧とアートという二つの意味を併せ持つ、古代ギリシャ語でいう「テクネ」を用いる人々である。学知のみでなく、「手のわざ」を通してものをつくる「制作の能力」を持つ人々である。ものをつくる仕事は、人間社会のどこにでもあり、誰にとっても他人事ではない。ふだんは見えにくく気づかれにくいが、社会のみならず、文明の存続にとってなくてはならない。

人間社会の現実には、合理では説明し尽くせない、勘所や要諦がいくつもある。あらかじめ合理的に提示できない暗黙知もある。『ハーバード・ビジネス・レヴュー』編集長T・ジョージ・ハリスによる一九九三年のインタヴューで、「人は自分の鉈《なた》を持ち、自力でよじ登っていかなければならない」と語っている。知を現場の成果に転換するのは手の働きである。技能という「鉈」をテクノロジストは持っている。その例として、脳外科医、病院の検査技師、リハビリ訓練師、レントゲン技師、超音波映像技師、歯科医師、歯科関連技術師、自動車修理工等をドラッカーは挙げている。

近年は手を動かすことを嫌う風潮も蔓延している。テクノロジストは欠乏状態にあり、グローバル化と情報化が強まるほどにその傾向は強まっている。テクノロジスト養成には手間と時間がかかる。ドラッカーは日本に格別の期待をかけ、次のように述べている。

「日本の教育システムさえ、肉体労働のための人々と知識労働のための人々の二種類を生むにとどまっている。この知識の裏付けを持つテクノロジストの教育のための専門大学が設立されるのは二〇〇一年のことである」。

専門大学とは、二〇〇一年開学のものつくり大学である。命名者は哲学者の梅原猛《たけし》、英文名Institute of Technologists を与えたのがドラッカーだった。

「ある社会生態学者の回想」(一九九二年)

彼のお気に入りの肩書が、社会生態学者だったのはすでに述べてきた。いまだ一つの学問領域の認知は受けていないが、ドラッカーの知的な働きをこれ以上なくうまく言い当てている。考察対象を企業に限らず、ＮＰＯ、教会、大学などに拡大していったのも、社会生態学的視野を持ったためである。

彼は一つの意外な引用を行っている。ゲーテ『ファウスト』第二部に登場する物見役リュンケウスの台詞「見るために生まれ、物見の役を仰せ付けられ」がそれである。ゲーテの形態学や詩、小説等に抱いた畏敬の念がそこに語られている。この点において、ドラッカーはゲーテから多くを学んでいる。彼もまたひたすら見る行為を実践し、それを主題としていた。「見る」精神が、社会生態学者のアイデンティティと重ねられている。

ドラッカーは社会生態学を、古代ギリシャに遡る系譜に位置づけて理解している。ヘロドトス、トゥキディデス、アリストテレスから、A・トクヴィル、E・バーク、A・テーヌ、B・ジュヴネル、G・テニエス、G・ジンメル、H・アダムズ、J・R・コモンズ、T・ヴェブレンに加え、とりわけW・バジョットを特記している。

一九九三年に刊行された『エコロジカル・ヴィジョン』は既出の論文や記事を編んだ、三〇章からなる論文集である。アメリカの政治制度と社会についての論文も収録されている。巻末に収められたのが、『ソサエティ』誌寄稿の小論「ある社会生態学者の回想」(一九九二年)である。私的来歴についてさほど饒舌とは言えなかった彼だが、内心を綴った短編として注目すべきものである。「回想」の末尾で、「言語を神聖なものと見なし、言語に対する敬意は常に持ち続けてきた」と彼は述べている。

言語は社会生態の土壌にほかならない。われわれの周囲を取り巻く混乱もまた言語の混乱にその淵源がある。同時にそれらの混乱は、精神や倫理の混乱をもたらしている。ヨーロッパ時代、嫌というほどディストピアの毒液を浴びてきた彼は、政治社会と言語の堕落が不即不離の関係にあることを知り抜いていた。そのために、悪しき言語使用が悪しき支配の道具になることを警戒した。言語をめぐる見解は、それだけ彼が真剣だった証でもあった。

ドラッカーによれば、言語はそのまま倫理を包摂する。ヴィトゲンシュタインとカール・クラウスを引き合いに出し、ともに言語に倫理や神聖さを見た人としてドラッカーは語っている。彼らにあやかって言えば、コンサルタントの素養も、多くを言語に負っていた。「教壇でよりも、コンサルタントとして神学の何たるかを私は学んできた」と彼は語っている。

キャロライン・ビカール宛一九九七年五月二二日付書簡で、「経営書は読まない。私のスタイルを崩されたくない」と彼は伝えている。理由を次のように彼は説明している。

「経営書はいかに企業をうまく経営するか、その仕組みとか戦略を扱う。対して文学が教えてくれるのは人だ。人がどう考え、行動し、人にとって何が大切かを教える。私の関心は経営もさることながら、それ以上に人にある」。

初めての訪問で書斎に通された時のことをボブ・ビュフォードが克明に書きとめている。本棚は人文書・歴史書で埋め尽くされていた。シェイクスピア、バルザック、ディケンズ、トクヴィル、トルストイ、チェーホフ、オースティン――。経営書やビジネス書の類は一冊も目に

生前の書斎（ダイヤモンド社提供）

つかなかった。見るべきものを見るべく彼はフィルターをかけ、観察力を弱める対象からは距離を置いていた。

　二〇〇二年、九三歳の誕生日を目前に、『シェイクスピア全集』を読み返していた。世界文学の最高峰を今一度味読したいと考えたためであろう。シェイクスピアの次にはバルザックの代表作『人間喜劇』を手にしていた。亡くなる直前の二〇〇四年には明王朝時代の中国美術に取り組んだ。日本についてはコレクションを持つほどに入れ込んできたのに、日本に影響を与えた中国について知らなかったために、多くの発見があったと語っている。視野がビジネスだけに向かう人と、はるか先まで射程距離を置く人とでは、同じものを見ていても受け取る情報の量や質には圧倒的な差が出てくる。人文書や歴史書の語りかけから彼は視野を広げていた。

　彼の言説はどんな時も折衷主義である。折衷主義は、寄せ集めて都合のよいところだけを自説に取り入れる素人的な、亜流の知のように思われている。しかし、知を現場で生きたものにするならば、折衷主義はなくてはならないものでもある。経営や組織を論じるには、あらゆる領域の、たとえば経済学、心理学、哲学、芸術等々人間についての意味ある問いを寄せ集める必要がある。あらゆる領域に誰よりも通じて知的拠点を造ろうとしたのが、ドラッカーにおけるマネジメントだった。

コンサルティングにもそれは反映されていた。短期的な成果ではなく、さらに先を考えるなら、今だけですべて完結した返答はできない。先々まで考えて慎重な忠告を行わなければならない。どこまでを視界に入れているのか、その射程距離を延ばすと、使う言葉は自ずと変わってくる。クライアントに教えるのではなく、考えることを彼は求めた。事前に長文の手紙を書かせ、課題を徹底的に考えさせた。面会時には、重ねて問いを投げかけた。クライアントの言葉にひたすら耳を傾けた後、ビジネス以外の話ばかりをした。最後にようやく、新しい問いを投げ返した。ジャック・ビーティは、次のクライアントのコメントを紹介している。「終わる頃になると、問題や機会がそれまでとは違って見えるようになった」(ビーティ『マネジメントを発明した男　ドラッカー』)。

二〇〇五年四月の雨の日にドラッカー邸で耳にした次の言葉を、コンサルタントのイーダスハイムは記憶している。「仕事で成果を上げるには、業績を忘れればいい。その代わりに貢献について考えればよい」。

目先の財務業績だけで満足し、長期的な意味に気づかないならば、額に汗して収穫する喜びも知らない。人を度外視した事業は、精神の死んだ肉体に過ぎない。事実、晩年の協働者ビュフォードによれば、財務諸表を彼は見ようともしなかったという。

ドラッカーにとってとりわけ芸術がかけがえのない素材だったのは、視界範囲を狭めないための秘策だったと見てよいだろう。芸術に接する時、新しい視界がそこから開ける。ハーバード大学のフォッグ美術館、ミシガン大学の日本美術教育プログラム、サンフランシスコのアジア美術館への寄付や無償奉仕を彼は行っているが、その教養や感性、共感がマネジメントの土壌となっていた。

クライアントが自宅を訪れると決まって外に連れ出した。クレアモントはロサンゼルス市街からそれほど遠くない。リベラルアーツ教育には絶好の地だった。クライアントの滞在が長期にわたる時は、一日は博物館、一日は地元ドジャースの野球観戦、さらに一日はロサンゼルス交響楽団の演奏会へと連れ出した。

第2節　共生の社会へ

原点に還る

一九八九年、『ハーバード・ビジネス・レヴュー』誌に論文「ビジネスが非営利組織から学ぶこと」をドラッカーは寄稿している。同論文の中で、貪欲な資本主義の渦中において、非営利組織が社会の中で持つ意味を変容させたことを、嫌でも彼に認識させたと述べている。さらに、「企業が非営利組織から学ぶべきことは、ミッションからスタートすることである」と彼は述べている。ソーシャル・セクターでは、広く現実社会の中で人の変革を行おうとしている。社会を直接相手にするためには、実現する価値への揺るぎない確信、すなわち使命（ミッション）がなければならない。支持者、共感者を集める使命それ自体が、社会を変える力を持ちうる。

使命を掲げることはいわゆる営利企業、ビジネスにとっても救いとなるとドラッカーは考えるようになっていた。企業を利潤追求に閉塞させるのでなく、現実社会との対話の場がそこに想定されている。

この活動を見るうえで、一つ参考になるエピソードがある。一九九三年八月一〇日、アスペン財団の講演でコロラド州エステス・パークでの夏をドラッカーは過ごしている。資本主義の未来について語ることになっていた。その時、彼は周囲に次のように語っている。

「おそらく参加者の不興を買うだろうが、私は経済問題は心配ないというつもりだ。私たちが直面しているのは社会問題である。そのほうが絶望的に悪い。今朝などは、おわかりいただけないかもしれないが、三時ごろ目が覚めて眠れなくなってしまった。今まだ立ち直れない」。

この言明は一九九〇年以後のグローバル資本主義が社会領域を蚕食し、人々を孤立させるこ

非営利組織での講義風景

とへの絶望のうめきにも聞こえる。そうした絶望を癒せるのが非営利組織だとドラッカーは考えた。非営利組織のほうが企業よりもはるかに数も多く、しかも多様で個別的である。かねてより非営利組織の役割の増大を予期し、「その数が横這いなのは、アメリカの恥」とまで彼は述べていた。

すでに、日常のいたるところに非営利組織を見出すことができた。NGO（非政府組織）や政策機関、地域で活動する病院や大学、図書館、労働組合、自治会等、自発的に設立された無数の組織は、形態も活動も使命もとにかく多様だった。人々を結び付けるそれらの働きにも彼は目を向けるようになり、一九七〇年代、自ら産業界から距離を置き始めた。非営利組織は、彼が見出した社会生態上最有力のフロンティアだった。

援助物資発送協会、赤十字社、全米ガールスカウト協会、カソリック・チャリティーズ、ワールド・ヴィジョン・インターナショナル等の非営利組織で彼はコンサルティングを行うようになり、自ら関係財団への寄付も行った。

とりわけドラッカーが熱心に関与した分野の一つにキリスト教会がある。ハートフォード神学校の報告書(二〇〇五年)によると、プロテスタント系の教会で週に二〇〇〇人以上の礼拝参加者を持つ教会は一二一〇以上あった。五年前の倍近くにそれらは増えていた。総参加者数は五〇〇万人以上、プロテスタント系教会の出席者の約八%を占めていた。ただし、うまくいかない点も多々見受けられた。その一つに、使命とそれに伴う価値を一方的に押し付けて、顧客(礼拝者)を無視する運営方法である。顧客を固定して、本当に必要な人々に支援が届かない状況もあった。そこに懸念を覚え、観察結果を次のようにドラッカーは書き記している。

「私の知る限り、ほとんどの非営利組織の成績は「並」である。努力が不足しているわけではない。懸命に働いている。問題は焦点がぼけていることだ」。

客観的な成果の尺度への意識が、非営利組織には乏しかった。同好の士が目的のために集まってグループをつくる時、合意形成は容易ではない。行動基準や目的を客観的に定めない限り、義憤や人情だけで行動してしまうことは避けられない。使命が真実であるほどに、組織の目的を絞り、顧客に意識を集中することが非営利組織の経営には必要である。

『非営利組織の経営』(一九九〇年)

一九八〇年代の市場優位は、ドラッカーが期待を寄せた産業社会の決定的な変質をも意味した。すでに市場で富を増殖させるだけの機関となった企業は、当時言われたダウンサイジング、リエンジニアリング等、どのような語彙を用いようとも、産業社会の大規模な再編によって、社会の理念を体現する存在ではなくなっていた。

その中で、ドラッカーが書くものも自ずと変容していった。一九九〇年に出版された『非営利組織の経営』は、企業経営に焦点を当ててきたこれまでの著作からすれば、異質な印象を与える。初めて触れた時、誤記や誤植を疑いさえしたと後年フランシス・ヘッセルバインが回想するように、多くの論者が『非営利組織の経営』をマネジメント研究の余技もしくは亜流と見なしていた。しかし、根底においてドラッカーの関心事とそれは緊密に結ばれていた。営利と非営利との間の明確な境界は消失し、両者の間に断絶は認められない。

ドラッカーは、非営利組織に社会の現代的再生のための役割を求めている。非営利組織は、団体の性格、ミッションの選択が当事者の意志に委ねられている。したがって新たな社会関係を形成できる。

ヘッセルバイン(全米ガールスカウト連盟)、マックス・デプリー(ハーマン・ミラー社経営者で大学・神学校理事)、ダトレイ・ハフナー(全米心臓協会)、スピッツァー・レーマン(病院経営者)等、実践者とドラッカーとの対談からは、非営利組織の生き生きとした展開とドラッカーの期待が読み取れる。現代のマーケティングの第一人者フィリップ・コトラーも、こうした展開についてドラッカーと対話している。これらを読むと、当時の経営者の前提が、いかに当たり前でないかがよくわかる。

「組織というものは最近の発明であるために、人はまだこれらのことに優れるにいたっていない」(『非営利組織の経営』)。

組織固有の目的、成果を、文化的背景、応答すべき顧客、成果をあげる時間軸等の観点から個別に明らかにしなければ、組織の適切な運用はかなわない。これらはマネジメントの課題として今日まで残されている。

実質的な取り組みもそれに関連して現れた。一九九〇年、ヘッセルバイン、ボブ・ビュフォード、リチャード・F・シュバートらは、ピーター・F・ドラッカー財団を設立している。財団のミッションは、「ソーシャル・セクターの組織を卓越した成果に導く」だった。著作と一体となった状況へのコミットメントであった。

財団はニューヨークに事務所を構え、年次国際会議を開催し、非営利組織の経営に関するセミナーや情報交換の場を提供した。一万一〇〇〇人以上のNPOリーダーに教育プログラムを提供し、一五〇〇人以上のトレーナーにファシリテーター・トレーニングを行った。毎年、優れた成果を上げた団体を表彰し、NPOのイノベーションを奨励した。会議にはコトラーやリーダーシップ論のウォーレン・ベニス等、第一線の専門家が頻繁に登壇した。

二〇〇二年までの名誉会長就任は、ドラッカー本人が組織運営の主導をとった数少ない例外の一つである。傍観者を自任してきた彼が、非営利組織についてはアウトサイダーや受け身の態度をとらず、可能な領域で動いた。一九九一年には、非営利組織の革新に贈られるピーター・F・ドラッカー賞が創設され、『非営利組織の経営』の印税二五万ドルが賞金に寄付された。

最晩年のパートナー

ドラッカーは、『サイコロジー・トゥデイ』(一九六七年五月号)に寄せた文章で、労働寿命の長期化に伴う中年知識労働者の燃え尽きと第二の人生の必要に触れた。すると、アメリカ中の会計士、技術者、中間管理者、聖職者、大学教授、軍人、学校長から、七〇〇〇通の手紙とそれを超える電話が寄せられた。そのほとんどが「自分は四七歳だが何か新しいことを始められるか」といった種類の問い合わせだったと、彼は『断絶の時代』で述べている。

晩年の彼がメンターを引き受けた一人がボブ・ビュフォードだった。ビュフォードにとって、ドラッカーとのであいは仕事と人生を変えていく触媒となった。自己の体験を「成功から意義へ」と表現する、生き生きとした回想をビュフォードは残している。内面の変容は、彼の著作『ドラッカーと私』(二〇一四年)とともに、第二の人生に踏み切った体験を語る『ハーフタイム』

(一九九四年)に詳しい。「私はドラッカーの手となり足となった」と彼はそこで述べている。

ビュフォードはテキサス州タイラーのＡＢＣ系列局から自社を全国のケーブル・システム・ネットワークへと成長させた実業家だった。ビジネス界での成功者の一人としてすでに知られており、さらなる高みを追求していた。

二つの自己変容の契機をビュフォードは語っている。一つは一人息子ロスの事故死、もう一つは、ドラッカーとのであいである。その二つの出来事が、ビジネスのせわしない日常でまどろんでいた実存を覚醒させることになった。

当初は名声に惹かれたクライアントの一人に過ぎなかったビュフォードは、さらなる成功を心に秘めてドラッカーの助言を求め、一通の手紙を認《したた》めた。事業が抱えている問題、前進への知恵を渇望して、彼の言葉に耳を傾けようとした。面談がかなったのは一九八四年、ビュフォードは四二歳だった。ビュフォードは言う。

「友情という点では、私たちはありそうでなかった組み合わせだった。年齢も一世代違う。一人はオーストリア訛りの強い英語を話し、もう一人はテキサス語を話した。私はケーブルテレビの会社を経営していた。ピーターはテレビすら持っていなかった」。

面談の中で、ドラッカーは問いを発し、大切なこと、忘れていたことを思い出させ、考えさせようとした。ふだん曖昧にしているために、そこを突かれると答えられない種類の問いだった。その問いはやがてビジネスの範疇をはるかに超え、生き方の深奥にまで及んだ。

事業家としての成功を得ても、ビュフォードの心にはいつも満たされぬ思いが残っていた。少年時代からキリスト教会へ貢献したいと願っていたが、多忙の中でその思いに応えることはなかった。だが、ドラッカーとの対話の中で、ビュフォードはやがて「かすかなる声」に耳を傾けるようになった。

「ドラッカーはビュフォードを通じて、アメリカのキリスト教会の潜在能力を引き出した」とジム・コリンズは述べている。一九九〇年、ビュフォードに宛てて「あなたの最大の役割は人についてのものである。それは、信頼の醸成であり、人への敬意であり、コミュニティの形成である。それはあなたにしかできないことである」との書簡をドラッカーは書き送っている。やがてビュフォードはビジネスからは少しずつ距離を置くようになり、幼年期から心を占めてきた教会への奉仕者として活動することになる。

ビュフォードが着手したのは、牧師を支援するリーダーシップ・ネットワークの設立だった。ある種の飛躍をそこで彼は実現している。フレッド・スミス・ジュニアとゲイル・カーペンターとともに、一〇〇〇人から二〇〇〇人の福音派教会（メガチャーチ）の指導へとギア・チェンジをはかった。メガチャーチとは、数千人を収容して礼拝のみならず多様なコミュニティを創生する巨大教会である。後にはケーブルテレビ等を通じて何百万もの視聴者に発信する民衆宗教となっている。福音派はキリスト教保守派としてアメリカ大統領選挙へも巨大な影響力を保持している。

既存の教会に習慣的に通う人口は、欧米では減少しつつあったが、一方で共同体を渇望する人々は確かに存在していた。既存教会と新たな共同体のニーズとの間には埋めがたい溝があった。その断絶を鋭敏に感じ取り、ニーズに働きかけ、行動への転換を支援する組織がリーダーシップ・ネットワークだった。メガチャーチを「今日のアメリカで起こっている最も重要な事件」と呼び、「ただ見守っているだけでよかった」とドラッカーは振り返っている。

メガチャーチの礼拝

一九九九年、ビュフォードはついにケーブルテレビ事業を売却し、メガチャーチ支援に専念するようになった。この時、自身に起こった出来事を振り返り、おおむね四〇代にやってくる人生後半に向けた熟慮の時期を「ハーノタイム」と呼んで特筆している。「ハーフタイム」は例外なく誰にでも訪れ、謙虚にしかし熱心に求め続けるならば、誰でも見出すことができると語っている。

大統領自由勲章

二〇〇一年一一月六日、救世軍への支援が認められ、ドラッカーは最高賞エヴァンジェリン・ブース賞を受賞している。救世軍の創設者ウィリアム・ブースとキャサリン・ブースの娘エヴァンジェリンの精神を継承し、イノベーティブなヴィジョンの実践者に贈られる。

さらに翌二〇〇二年、民間人に贈られる最高勲章・大統領自由勲章を受章した。大統領自由勲章は年一度、一五人以下が受賞者に選定されるのが通例である。二〇〇二年六月一六日に発表され、翌月の七月九日にホワイトハウスで授章式が行われた。授章にあたっては、複数の関係者による推薦が認められたが、中でもボブ・ビュフォードらによる働きかけが奏功している。ゼネラル・モーターズ(GM)の会長ジョン・F・スミス・ジュニアが二〇〇一年九月一四日付の書簡でブッシュ大統領に推薦した記録もある。かくしてドラッカーは受章者一二名の一人に名を連ねた。

他の受章者には、ハンク・アーロン(プロ野球選手)、ビル・コスビー(作家、俳優)、プラシド・ドミンゴ(オペラ歌手、指揮者)、キャサリン・グラハム(没後の受章、『ワシントン・ポスト』発行者)、ドナルド・A・ヘンダーソン(医学者)、アーヴィング・クリストル(文芸評論家)、ネルソン・マンデラ(南アフリカ共和国政治家)、ゴードン・E・ムーア(インテル設立者)、ナンシー・

レーガン（第四〇代大統領ロナルド・レーガンの妻）、フレッド・ロジャース（テレビ司会者）、Ａ・Ｍ・ローゼンタール（ジャーナリスト）がいた。

コンドリーザ・ライス（大統領補佐官）、コリン・パウエル（国務長官）が式典最前列に、大統領は演壇後方に控える中、杖を片手に演壇に歩み、介助なしに壇上に上がるドラッカーの姿が映像に残されている。ブッシュ大統領は軽く頭を下げてドラッカーにメダルを懸け、祝辞を述べた。そしてその肩に親しげに手を置いた。

式典の前の晩、ビュフォードをホスト役として、エドワード・ジョーンズ社のジョン・バックマン、サービスマスター社のビル・ポラード、フランシス・ヘッセルバインが祝賀会に参列した。誰もが最晩年の友人たちだった。「自分にはもうさほどの時間は残されていないだろう」とドラッカーは挨拶した。九三歳に彼はなろうとしていた。ジョン・バックマンが「次は私たち次第なのですね」とその発言を受けた。

経営実践について語りながら、自らマネジメントを主導することを彼は可能な限り避け、著作では観察者に終始してきた。しかし、思想というものは本来、現実的応答を通してしか根付かない。晩年のドラッカーの記述を見ると、マネジメント他の体系的な分析よりも、人々に行動を促し、触発しようとする点で、優れて実存的な性格を帯びるようになっている。「ソーシャル・セクター」や「第二の人生」など、いささか凡庸な言葉も、時代の胎動を生む最後の意志の表れであったことに気づかされる。晩年の同僚たちは、誰もがドラッカーの言に触れて内面の領野に気づいた人々だった。ドラッカーは、彼らにバトンを渡したのである。

授章式への出席が、ドラッカー最後のアメリカ大陸横断旅行となった。

彼は何者だったのか

ここで改めて筆者なりに次の問いに答えておきたい。ドラッカーとは何者だったのかという問いである。

彼はマネジメントの父、時には経営の神様などと称揚され、カリスマを帯びた言論人として、とりわけ日本において心酔者を生んできた。一方で、その虚実ないまぜになったイメージにはどこか異様な臭気がつきまとってきた。

そもそも彼は経営学者だったのか。おそらく違うだろう。読者は、彼の社会や文明をめぐる記述を経営学と受け取ってきたところがある。とくに経営学のような比較的新しい学問の場合は、当初は、さまざまな他の分野や専門領域から経営を語る人々が現れる。ドラッカーは、あくまでも経営を語る人々の第一世代に所属していただけと見ることができる。彼自身専門家になるつもりはなかった。彼は偶然その場所におり、いわば役が回ってきただけだと述べている。彼は、マナ(『旧約聖書』の天から降ってくる食物)が下りてきた時、偶然スプーンをもっていただけだとそのことを表現している。

経営学者でなかったばかりか、彼は学者全般に対してさえ一貫して懐疑の目を向けた。自身が三〇代以後大学教授の地位を得ていたにもかかわらず、である。その実像を率直に表現するなら、まずもって彼は寄留者であり、どこにいようと異国人、アウトサイダーの知識人だった。それは、ドラッカーがいかにして「ドラッカー」になったかとの物語と関わりを持つ。一九三〇年代にナチスの支配するドイツから脱出して、ロンドンを経てアメリカに渡ってきたユダヤ人の亡命者であった彼は、若い頃肌身に感じた不条理に、アメリカ社会の中で、経営的な知識を編み上げることで対抗してきたふしがある。

彼はインタヴューで、「私は生涯にわたってジャーナリストであることをやめたことがない」と述べている。この発言は、彼の社会や共同体との知的距離感を巧みに表現している。社会や共同体の中心にいる人は、目の前で進行する事柄の意味に気づかないままに見過ごしてしまいがちである。外部の視点からすれば、アメリカ産業社会であれ、日本美術であれ、当人たちにさえ見えなかった固有の風景が彼には見えた。その風景をレトリカルな言語をもって同時代人と分かち合おうとした。そこには目を見張るような理論体系はなく、学問的な実証性もない。それが、ドラッカーに一種異様な臭気を与える理由の一つだろう。

マネジメントを含むその言説全般は、よく見れば彼の個人史と重なり合う部分が多い。彼がかつてであった人々、ともに働いた人たちなどの記憶がその業績と相互に流通している。誰もがふだん気づかなかったことに気づくようになると、今まで慣れ親しんだものとは異なる方法で考えるようになる。いつもと違う風景が目に飛び込んでくるようになる。

大学院の学生だったウィリアム・コーエンは、ドラッカーについての印象的な逸話を記している。一九七六年一月、学生からコンサルタントとしての成功の秘訣を質問されたドラッカーは次のように答えた。

「秘訣などない。適切な問いかけがあるだけだ。私自身は、顧客に問いを投げかけたり、コンサルティング課題と向き合う時、業界についての知識や経験に準拠したことはない。反対だ。白紙で臨む。顧客の役に立つためには、無知であることが武器になる」。

いくぶん逆説的に言えば、ドラッカーのマネジメントは、書かれているものを読んだだけでは役に立たない。その説くところを自己の置かれた状況にふさわしい形で自覚的に問いつめていかないと、生きてこない。その著作を愛読書と公言する人は現代でも少なくないが、その点を理解しないと、かえって読むほどにわからなくなり、追い詰められてしまう。それぞれの状況でなすべきことは違う。それら応用問題を日々解く形でしか役立てることはできない。

このような「読んだだけでは役立たない」というところが、ドラッカーの書き手としての特徴だと思う。かりにドラッカーが完全無欠の理論を目指し、それを成し遂げて死んだとすれば、残された人々はその理論を守り、一層精緻化することが仕事になってしまう。ドラッカーは後世が「受け身」をとれない書き方をあえてしていた。それらは答えではなかった。個別の思索と実践を触発する「問い」の体系であった。

インターミッション⑤　信仰生活

『マッキンゼー・クォータリー』は一九九七年、「ピーター・ドラッカーは、他の教祖がひれ伏す教祖」と形容した。しかし、たとえ比喩にしても、カリスマらしい称号を彼は一切受け入れなかった。自身の信仰については、ほとんど触れていない。

ドラッカーは、妻ドリスとともに、地元の聖公会系教会の日曜礼拝に参加はしていたが、ビュフォードによれば、メガチャーチとの協働は福音派信仰とはまったく無縁であった。教会のマネジメントに手を貸しただけで、メガチャーチ(ウィロウ・クリーク教会、サドルバック教会等)に信徒として姿を見せたことは一度もなかった。共生のセンターとして教会を蘇生させようとしただけだった。信仰によってではなく、社会再生の観点からそれはなされた。二つを同列に扱うことはできない。

彼の信仰について二つの証言が残されている。

一つはビュフォードによるものである。家から近所のグリスウォルドに昼食をとるために歩きながら、「あなたはキリスト教徒なのですか」と率直に聞いてみたという。ビュフォードの問いに彼は正面から答えず、「私はキルケゴール信奉者だ」と言った。一八歳の時、その著作をドイツ語に翻訳したほどに入れ込んだ記憶が語られた。「それ以降は私の信仰心はやせ細っていった」とも彼は付け加えた。

もう一つ、亡くなる直前のラジオ・インタヴューがある。『オン・ポイント』パーソナリティのトム・アシュブルックが水を向けた。「現在九五歳と伺っています。死後の世界についてどうお考えですか。神とはどのような存在でしょうか。避けがたく近づく次の段階についてどうお考えでしょうか」。

答えは次のものだった。「私はたまたま平凡で伝統的なキリスト教徒でした。ただそれだけです。私は死後のことは考えないようにしています。私は死後のことを考えるのは私の仕事ではないと神より告げられているのです。その時が来たら、「かしこまりました」(Yes, sir.)と答えるのみです。毎朝、毎晩、神の創造した美しい世界を讃えます」。

「祈りは問題解決に役立たない」と『非営利組織の経営』で彼は述べている。さりげなく重大な考えがそこに表明されている。

ビジネスパーソンも、子育てする人も、学生も、介護を受ける人も、あらゆる人々が、日々格闘している。キルケゴールによれば、神とこの世界の間で引き裂かれているのが人間だからである。そのような人々への助力を彼は進んで行った。神の国には彼の仕事はなかった。魂の

――救済は彼でない誰かの仕事だった。宗教や信仰をめぐる考え方はしばしば冷淡に見えるが、それだけ真剣に彼が本業にこだわった証とも言える。――

終章　転生 ―二〇〇六―

晩年のドラッカー（藤島秀記氏提供）

実際に書いた本よりも、もっといい本がたくさん書けたはずだ。私の最高の著作は『未知なるもののマネジメント』というタイトルになるはずだった。書かなかったことを残念に思う。

（『フォーチュン』二〇〇四年一月一二日）

二〇〇一年一月二五日の上田惇生宛書簡を見ると、いかに彼がクレアモントの自然に魅せられていたかがわかる。

「こちらではやっと雨が降りました。実際、二週間降り続いた雨は、通常の冬よりも多いようです。しかし、とても乾燥しているので、もっとたくさん降ってもらわなければなりません。けれども、春の花々は咲いています。美しいカメリア、スイセン、ヒヤシンス、桃、アーモンド、そして桜があと一週間もすれば花を咲かせるでしょう」。

クレアモントは、どこよりも美しいとドラッカーは考えていた。ニューヨーク時代とは異なる性質の隣人たちも、この地を心地よいものにした。そこは彼にとって最後の故郷だった。次第に動くことがかなわなくなってからも、自室からの風景がいかに広大かを、見事なまでに詳しく書き記している。同僚や学生を始め世界中の人々の活動を言葉によって支え、彼もまた世界中の人々によって支えられた。

世界中の友人とは書簡やファックスで近況を伝え合うのが常だった。高齢ながら講義も行ったが、ブエノスアイレス在住の友人カロリーナ・ビカール宛二〇〇三年四月三〇日付書簡で、フルタイムでの教育を終えたと知らせている。

死の半年前、二〇〇五年一月から六月、ごく短時間ながら、マッキンゼー・パートナーのエリザベス・イーダスハイム、『USAトゥデイ』記者ブルース・ローゼンステイン、『日本経済新聞』記者の牧野洋、東洋経済新報社の編集者だった筆者（いずれも当時）のインタヴューにも応じた。衰弱は著しく進んでいたため、時間は限られていた。

亡くなる半年前の二〇〇五年五月七日、筆者が目にした彼は、居間の籐椅子に腰かけ、赤いカーディガンを羽織っていた。見たところ重たげに身を沈めている印象だった。すでに耳が遠くなっていたので、質問はノートに書きつけて、かざすようにそれを差し出した。さっと表情に生気が戻った。しみじみと心中で情景が浮かぶ広がりのある語り口は、ゆっくりで、しかも鮮明だった。幾星霜《いくせいそう》を経た内的風景に触れた気がした。

筆者のインタヴューを受けるドラッカー（2005 年 5 月 7 日．八木澤智正氏提供）

彼は終始まっすぐにその視線を筆者に合わせた。視線を合わせて聞く行為は、それ自体が相手を力づけ励ますところがある。目は詩人の熱情に満ち、何ものをも受け入れていた。他者への開かれた態度、常に人に信頼を置く生き方が、小さな一対のまなざしに現れていた。身振りは静かで、控えめだった。別れ際の力強い握手で目にした指はきわだって細長く美しかった。

その後しばらくして倒れ、一時人事不省《じんじふせい》に陥り、ポモナ・カウンティ病院に搬送された。容態は重篤であったが、適切な医療によって一命をとりとめ、自宅に戻ることができた。最後の面談記録は、二〇〇五年九月二九日のボブ・ビュフォードとデレク・ベルの訪問時のものである。居間のテーブルに置かれていた微生物学の専門書をビュフォードは後々まで記憶している。ごくわずかな面談でさえ彼には負担になっていた。一日の大半を眠って過ごし、人を迎えるのに水で目を覚まさなければならなかった。居間に通されたビュフォードは、「もう長くはもたない」と直観した。衰弱を見てとった妻ドリスは、面談を打ち切り、彼を寝室に連れ去った。ドリスはすぐに戻ってきて、「今日が最後」と短く伝えた。

二〇〇五年一一月一一日、ドラッカーは自宅で九五歳の生涯を閉じた。老衰だった。遺骨は近親者のみが知る自然の中に散骨された。そのことからも、宗教的儀礼にこだわらなかった彼の心境を見ることができる。銘板や記念碑、墓碑は残されていない。

『ニューヨーク・タイムズ』は訃報を受け、「マネジメントの権威、ドラッカーが亡くなるキルケゴールからGMまでの精神の旅路」との特集記事を掲載した。

遺　産

現在の高度な知識社会が本格的に世界を覆う直前でドラッカー自身は世を去った。インターネット、SNS、AI等によって事実上世界が高度な情報システム化する状況までは、目にすることはなかった。彼が生きたのは「破局のカタログ」(ツヴァイク)の二〇世紀だった。

経営学者、マネジメント学者、未来学者、傍観者、社会生態学者、コンサルタント、ジャーナリスト、大学教授等、自称他称含めさまざまな肩書きがドラッカーには与えられてきた。だが、体の動きを見る限りでは、まぎれもなく書く人であった。一九九二年、「教壇に立ち、コンサルティングも行うが、私の仕事は二〇歳以来書くことだった」と述べている(「ある社会生態学者の回想」)。書くことは彼が授かった使命だったし、死ぬまで最も勤勉かつ多産な書き手であり続けた。

おびただしい量の原稿が、クレアモントの書斎で書かれた。書いた語数は四〇〇〇万語に及ぶ。約半分は書籍、残りは論文や記事である。書いたものを見ると、あらゆることがつながっているのだとわかる。あるいは知の層のとほうもない厚さと言ってもよいかもしれない。あるとき記者から、「暇な時は何をしているか」と問われ、「暇な時とはどんな時か」と聞き返している。人となりを知るうえで興味深いエピソードである。さまざまなものが見えて来て書き記すので、とても退屈などはしていられなかったのだろう。ふだんから「紙とペンさえあればいつまでも退屈しない」と彼は語っていた。

二〇〇五年九月二九日、最後に面会したボブ・ビュフォードとデレク・ベルは、ドラッカーの遺産について本人との意見交換を試みている。どれほどの知的体系であろうとも、積極的に継承されなければやがては消滅してしまう。最後まで耳を傾けた後、「I am a writer（私は書き手である）」と簡潔にドラッカーは口にした。

「私の遺産はすでに書いたものだ。組織をつくらなかった。それ以上何を言うべきことがあるか」。

おそらくその発言に全人生は正確に語り尽くされている。遺産などはまったく気にしていなかった。言いたいことはすでに世に出したし、望みさえすれば誰でも読むことができる。話し合いなどは不要だった。

しかし、慚愧《ざんき》の念をにじませた発言もないわけではない。最晩年の二〇〇四年一月一二日の『フォーチュン』誌のインタヴューで、望みつつも未着手に終わったいくつかの事柄に触れている。「これまでの仕事を振り返って、できなかったことで、やっておけばよかったと思うことはあるか」と尋ねられ、「かなりある。実際に書いた本よりも、もっといい本がたくさん書けたはずだ。私の最高の著作は『未知なるもののマネジメント』というタイトルになるはずだった。書かなかったことを残念に思う」と応じた。

書かれなかった著作について語ることはできない。だが、彼が語ってきたことの範囲内で想像することは不可能ではない。

未知への鋭敏な感覚を持ち、知の理性的把握の限界を知る、そのことが真の知者の態度である。顧客創造やイノベーションが示すように、われわれは新たな顧客や製品が出現するまで、そのことを知らないことさえ知らない。その未知を意識して、生産的な構想力で橋を架ける行為を、ドラッカーは未知のマネジメントと呼んだ。コンサルティングに際して、彼は未知を武器として用いていた。知った気になること、知識を持たない市井の人々を下に見るインテリを嫌い抜いたことはすでに見た通りである。

真の知とは、未知の中にある。最高の本が書かれなかったのは、本人からすればむしろ本望であったと言うべきかもしれない。

ドラッカー・インスティテュート

ジョゼフ・マチャレロは述べている。

「ピーターについて私たち全員がよく知っていることの一つは、彼は私たちに、自らがしてきたことを単に振り返ることを望まなかったということだ。彼は私たちに、彼が長い間見事に担ってきたマネジメントの外套を手に取り、それぞれの道を歩むようにと願った」（マチャレロほか『ドラッカー　教養としてのマネジメント』)。

関連資料収集は生前に開始されていた。ボブ・ビュフォードやドラッカー・スクール元学長ジャック・ショー等の先見の明によっていた。アーカイブ・プロジェクト「ピーター・F・ドラッカー・アーカイブス・アンド・リサーチ・ライブラリー」が正式発足したのは、一九九八年五月五日、ドラッカーは八八歳だった。さらに、ドラッカー夫妻が原稿と記念品をクレアモント大学院大学に寄贈して一九九九年六月に「ピーター・F・ドラッカー・アーカイブ――リヴィング・レガシー」が設立された。現在、アーカイブは一万点を超える文書、写真、動画、賞状、遺品等、人と業績の資料を保管している。講義録やシラバス、コンサルティング・ノートなども含まれており、貴重な資料群となっている。没後、妻ドリスによる寄贈もあり、国内外で遺物の探索もなされた。

その一環として、同年から本人を含むインタヴュー「オーラル・ヒストリー」プロジェクト等貴重な記録群が形成されている。インタヴュアーには、研究者カレン・リンクレター(歴史学者)やエイミー・ドネリー(クレアモント大学院大学院生)等が参加している。

アン・ウィーバー・ハート指導の下、ドラッカーとともに働いた三〇人以上のインタヴューは一九九九年八月から二〇〇〇年三月まで行われた。妻ドリス、マーティ・デビッドソン(サザン・パイプ・アンド・サプライ・カンパニー社長)、ソニアとベラ・ゴールド夫妻(クレアモント大学院大学元教授)、ブラッドリー・ジェイコブス(元オレンジ郡査定官)、マーク・ウィレス(『ロサンゼルス・タイムズ』紙編集長)、パトリック・ワイド(ガールスカウト協会財務委員長)、ジョン・バックマン(エドワード・ジョーンズ社マネージング・パートナー)、ジョン・マクニース(コロニアル・グループ前会長兼CEO)、ボブ・ビュフォード、ビル・ポラード(サービスマスターLLP会長)等が対象者に含まれている。

二〇〇五年の没後、遺産を担う研究機関や知的資産の継承先は決まっていなかった。ドラッカー家もまた、クレアモント大学院大学か、あるいは他に手を挙げていたウォートン・ビジネススクールや、ニューヨーク大学を候補として検討していたが、クレアモント大学院大学の学長ロバート・クリットガードも引き受けの意思表示を行っていた。だが、業績をアーカイブとして残すのみでは、それらは死蔵されるだけに過ぎない。一つの知は、その担い手がこの世を去った後に残された人々の言動に力を持つ時、はじめて生きたものとなる。そう考えたビュフォードらが、ドラッカー・アーカイブを「ドラッカー・インスティテュート」として発展的に改組することを提案し、受け入れられた。

その一歩が踏み出されたのは、翌二〇〇六年五月だった。初代諮問委員会の委員長ボブ・ビュフォード、デレク・ベルをディレクターとして、初代理事にはジム・コリンズ、ポール・オニール(アルコア前会長)、A・G・ラフリー(P&G会長兼CEO)、飯島延浩(山崎製パン代表取締

ドラッカー・ストリート標識

役社長）、伊藤雅俊（セブン＆アイ名誉会長）が就任した。さらに『ウォールストリート・ジャーナル』『ロサンゼルス・タイムズ』編集デスクで、後者での編集チームとしてピューリッツァー賞受賞歴を持つリック・ワーツマンも加わった。

現在、アメリカ、アジア、そしてヨーロッパを含む多くの国や地域でドラッカーは研究・実践されている。世界各地にドラッカー協会が設立されている。ワーツマンによれば、二〇〇九年以降には一五か国に二〇の団体が活動している。二〇〇九年に専任アーキビストのブリジット・ローラーが加わって以降、ドラッカー・インスティテュートとの関連では、ドラッカー没後から妻ドリスの死（一〇三歳）までの間に、関連資料の公開が進んだ。講義ノート、インタヴュー記録、録音、録画資料等も多数含まれる。博士論文等ドイツ語文献、ジャーナリスト時代の資料、コンサルティング資料等一〇〇〇点以上、書簡も読むことができる。

同年、生誕一〇〇周年を祝う「ドラッカー・センテニアル」がクレアモントで開催され、ジム・コリンズ、スティーヴン・コヴィー、ウォーレン・ベニス、ケン・ブランチャード、チャールズ・ハンディ、フランシス・ヘッセルバイン、リック・ウォレン、伊藤雅俊等、国内外の学者、経営者、コンサルタントが参加した。広がりや活気、密度には、ドラッカーを継承する覚悟が見て取れた。

クレアモント大学院大学内のドラッカー・スクール&インスティテュートに面した一一番街はドラッカー・ストリートと改名された。

珠玉の水墨画——日本の美への愛

ドラッカーの没後一〇年にあたる二〇一五年、千葉市美術館で展覧会「ドラッカー・コレクション　珠玉の水墨画——「マネジメントの父」が愛した日本の美」が開催された(二〇一五年五月一九日—六月二八日)。長野県信濃美術館(同年七月一一日—八月二三日)、山口県立美術館(同年一〇月三〇日—一二月六日)にも巡回した。初公開を含む一一一点の水墨画展示の試みだった。

狩野探幽「波に兎図」(旧ピーター・ドラッカー山荘コレクション)

尾形《おがた》光琳《こうりん》の「柳鷺図《りゅうろ》」(一九八四年購入)、「鳶《とび》図(団扇)」(一九六八年購入)、仙厓《せんがい》の「白衣観音図」と「蛙図」(一九七〇年購入)、白隠《はくいん》の「達磨《だるま》図」二点(一九七五年、一九七七年購入)等の逸品も展示された。海北友松《かいほうゆうしょう》、与謝《よさ》蕪村《ぶそん》、久隅守景《くすみもりかげ》、池大雅《いけのたいが》、浦上玉堂《うらがみぎょくどう》、岩佐又兵衛《いわさまたべえ》、谷文晁《たにぶんちょう》、狩野探幽《かのうたんゆう》等もそこに含まれる。
コレクションの内容や質は、それまでどちらかと言えば一部の美術専門家向けだった。ほぼすべては掛軸で、身近な生活の一部として、ひそかな安らぎを彼が感じてきた作品ばかりである。雪舟や雪村、尾形光琳等広く知られた作家の作品のみならず、その固有の審美眼で選ばれた作品も多い。コレクションは私的領域の最たる部分、視覚の働きの結果であり、著作にも通じるようにも感じられる。

展示された作品すべてが図録に収載された。ドラッカーの所感を交え、個々の作品解説も加えられた。今眺めてもその息遣いが感じ取れる。企画した学芸員の松尾知子は次のように言う。「ドラッカー・コレクションには他ではほとんど見られない逸品が含まれている。作品は薄暗く見えながらも、実は生命力にあふれ、忘れられない存在感を放っている」。

ドラッカー・インスティテュートやドラッカー家から提供された一九六二年の富士登山の時の写真や逸話が展覧会を彩った。来館者には現役世代の男性が多く、熱心にメモをとる姿が目立った。図録は予想以上の好評を呼び、初版は会期中に完売した。

ドラッカーを経営面のみからとらえる人には、この展覧会は意外の感を呼び起こしただろう。彼の見えざる内面世界、隠れている時間は広大で奥深い地下水脈を示している。彼の精神性の深淵を初めて知った人も少なくなかった。

『もしドラ』ブーム

死後、予期せぬ形でルネサンスが起こった。二〇〇九年刊行の岩崎夏海による小説『もし高校野球の女子マネージャーがドラッカーの『マネジメント』を読んだら』（通称『もしドラ』）である。

『もしドラ』でドラッカーを知った人も少なくはなく、身近な書き手としてのドラッカーの評価が高まった。本当の思想であるならば、新しい時代に語りかけうるだけの感化力を持つのみでなく、生活者にとっても用いられるものでなければならない。

『もしドラ』は一見軽い。しかし、ライトな印象で俗受けしているのではなかった。『もしドラ』はドラッカーの著作を型どおりにはとらえていない。もっと生き生きとした流動的なもの、感動的なものとして柔らかくとらえている。唯一の答えを出そうとはしていない。

『もし高校野球の女子マネージャーがドラッカーの『マネジメント』を読んだら』（ダイヤモンド社）

同書の冒頭では、主人公の野球部マネージャー・川島みなみとドラッカーとの書物を通じたであいが語られている。書店で偶然手にした『エッセンシャル版 マネジメント』に導かれ、みなみは部員や監督と対話を試みるが、なかなか通じない。その中で、主人公がオープンな気づきに至る場面が幾度か訪れる。小説は「心に小石がコツンとぶつかるような感覚」とそれを表現する。ドラッカーの触発性を象徴する場面、時満ちてなすべきことを示唆してくれるシーンである。

一つの困難に到達するたびに、いったん作業を休止して、みなみは沈思黙考する。そして、さらにまた次のポイントまで来ると、さらに考える。いつしか誰もが、「マネジャーのようにものを考える」ように、主題に引き込まれていく。

やがてみなみは野球部を立て直し、甲子園出場を目指し、それを実現する。高校野球とマネジメントという一見すると奇妙な取り合わせが、二八〇万部に迫る大ヒットとなり、驚異的な範囲の読者を得た。それを可能としたのは、巧みなストーリーとレトリック、ドラッカーの言葉を借りれば「大工の言葉」である。一気呵成に読み通してしまったと述懐する人も少なくなかった。

ブームを牽引したのは、若い世代や女性の読者だった。刊行当時、一〇代から二〇代の読者が全体の三〇％以上を占め、女性読者は四五％を超えた。ＰＴＡ、学校、医療機関、寺社でも活用された。各自の生活に即した知として読まれたのである。

「他者がものを見えるようにする助力をなしたかった」とドラッカーは述べたことがある。

その意味で『もしドラ』はドラッカーの未完の仕事を成就させる稀有な試みの一つだった可能性が高い。

ドラッカーの家

一九九六年一〇月一四日の『フォーブス』の記事で、プレミア・インダストリーのモートン・マンデルを称賛する一方、マイクロソフトのビル・ゲイツを名指して「有名人には興味がない」とドラッカーは切り捨てている(ゲイツはドラッカーのファンを自認していた)。そして、「すべての超富裕層が消えても、世界経済は気づかないだろう。超富裕層は経済とは無関係である」と語っている。

若き日、心に癒しがたい怒りを蓄えた者は、生涯求めるところに忠実である。その眼は最後まで市井の人間に向けられた。友なき者、持たざる者へのいたわりが認められた。本来寄留者、在留異邦人であった彼にとって、基本的権利を持たない人、貧しい人々への配慮はある種の責任でもあった。晩年のドラッカーにインタヴューした一人イーダスハイムは、「ドラッカー・スクール私の子供のことまで覚えていた」と多くの人が語るのを耳にしている。ドラッカー・スクール同窓会担当元責任者メリンダ・ハリマンも、「地位や学歴、財産にかかわりなく目の前にいる人を大切にしていた」と回想している。自宅を訪問すると本人がコーヒーを用意し、手ずから給仕するほど気さくな紳士だったと同僚だったジョゼフ・マチャレロは述べている。ウォートン・スクールでマーケティングを教えたデヴィッド・リープスタインは、ドラッカーと過ごした一日を生涯最高の日と振り返っている。「企業と社会にあれだけの影響を与えながら、実に優しい人だった」。

その住まいは豪邸とはほど遠かったし、ドラッカーを訪ねた人々の多くが、異口同音に「あれほどの成功者が住んでいたとは思えないほど質素な家だった」とコメントしている。P&G、GE、IBMの経営幹部に助言を与えたのがここだったのだろうかと、誰もがいぶかしく思った。イーダスハイムは本の取材でドラッカー邸を初めて訪れた時、三度家の前を通り過ぎたと語っている。

三五年以上にわたり、ドラッカーは妻ドリスとともにその素朴な家で暮らした。車道に二台のトヨタ車が並び、一台はカローラだった。夫妻にとって長期にわたりモデル・チェンジなく大量生産される車種こそが品質の証明だった。夫妻ともに、九〇歳を超えてからも、その中型車で市内を移動していた。

事務所さえ構えなかった。寝室棟には四つの部屋があり、うち一つの部屋が事務所代わりに使われた。デスクを前に、ハーマン・ミラー社製のオリジナルチェアに腰かけ、日本のメーカー・ブラザー社製タイプライターで最後の一〇冊を書いた。

玄関のベルを鳴らすと、たいていは本人が扉を開けて出迎えた。スケジュール管理は自分で行った。郵便物も自分で切手を貼る姿が多く目撃されている。出張時の航空チケットも自分で予約していた。

クライアントとの面談は居間で行われた。南西の角にある籐椅子に腰かけ、来訪者の言葉に耳を傾けた。壁の本棚には歴史、文学、哲学書が並んでいた。世界中の工芸品に混ざって、日本の掛軸や、枯山水庭園のミニチュアが置かれた。映画は時々観に行く程度だったし、インターネットにもテレビにも触れなかった。基本的には印刷物しか信用しない人だった。

原風景

MBAプログラムでドラッカーから学んだジョアンナ・バルダは、「窓の外に目を向けよ」という彼特有のドイツ語訛りを没後も耳にし続けている気がすると語っている。

人は消えても、何かを後に残すものである。印象や言葉、態度を通して、残った人々の行動を変えることがある。一九九〇年『非営利組織の経営』でギムナジウム時代の記憶をドラッカーは書き記している。

「私が一三歳の時、宗教の先生が教室の中を歩きながら、生徒たち一人ひとりに「何によって憶えられたいかね」と聞いた」。

誰も意識していないところで、自分を見ているまなざしを意識させる問いがこれである。自分に対するまなざしには、見える他者のほかに、見えない他者のそれもある。死後の自分からのまなざし、あるいは自身の後ろ姿を見るまなざしと言ってもいい。そのことを多くの人は日常の多忙にかまけてあまり意識はしていない。本当に強い人とは、そのような見えないまなざしによる支えを実感できる人である。

没する直前、「人にとって意味あることを教えた人間として覚えられたかった」と彼は語っている。彼は素朴さ、ささやかさを愛した。自宅での単純で静かな生活を受け入れていた。移動を繰り返しながらも、生活態度は頑ななまでに変えなかった。

二〇一五年以後、遺族からの委託を受け、ドラッカー・インスティテュートがそのささやかな家を管理している。家具や美術品、窓はほぼ存命時のままである。寝室には、自筆の書簡、ウィーン脱出時のパスポート、父から贈られた燕尾服とコート、シルクハット等が展示され、ヨーロッパ時代の記憶とともに保存されている。

人生の起点に照らせば、第一次大戦後のヨーロッパこそがその原風景だった。おそらく第一次大戦とその後のナチス体験は彼の青春のハイライトであっただけでなく、生涯のハイライトだったはずである。

誰の心中にも、うかつに人に語れない岩盤のような記憶群がある。その心中にある激しい怒りと悲しみを鎮めるために、彼は書き続けていたのかもしれない。心の奥に秘めてきた深い闇の扉には、ついに開かれなかったものもあった。たとえばホロコーストやユダヤ的来歴、亡命時の情報源、宗教的背景、太平洋戦争への関与等について彼は不自然なほどに口をつぐんでいる。それでも、あえて触れないだけで、それらの記憶は癒しがたい傷として著作に見え隠れしている。「父は戦争で多くの親族を失ったことを語らなかった」と長女キャサリンは述べている。妻ドリスは人生の最後でその経験をわずかばかり話したというが、以前は一言も口にしなかったとも付言している。彼が封印してきたことは、残欠として何かを語っているかのようである。人は言葉だけで語るのではない。沈黙によっても語るものである。一つの風景は失われることによって永遠になる。

ドラッカーの家(ダイヤモンド社提供)

「心の清さとは一つのものを求めることである」とキルケゴールは書き記している。書くことを通して、あるいはあえて書かないことを通して、一つのものをドラッカーは求め続けたのだろう。「もう書けなくなった」。これがドラッカー生前最後の言葉である。それを自宅で聞き取ったのは、戦友であり妻のドリスだった。これは「そろそろ出かける時だ」という彼なりの出航の思いに似ていたのかもしれない。
その家は二〇一七年に国家歴史登録財に指定された。

参考文献

ドラッカー著作

P. F. Drucker, *Friedrich Julius Stahl: Konservative Staatslehre und Geschichtliche Entwicklung*, Mohr, 1933.

——, *Die Judenfrage in Deutschland*, Gsur u. Co., 1936.

——, *The End of Economic Man: A Study of the New Totalitarianism*, John Day, 1939.（上田惇生訳『「経済人」の終わり』ダイヤモンド社）

——, *The Future of Industrial Man: A Conservative Approach*, John Day, 1942.（上田惇生訳『産業人の未来』ダイヤモンド社）

——, *Concept of the Corporation*, John Day, 1946.（上田惇生訳『企業とは何か』ダイヤモンド社）

——, *The New Society: The Anatomy of Industrial Order*, Harper & Brothers, 1950.

——, *The Practice of Management*, Harper & Brothers, 1954.（上田惇生訳『現代の経営』ダイヤモンド社）

——, *Landmarks of Tomorrow: A Report on the New "Post-Modern" World*, Harper & Brothers, 1959.

——, *Managing for Results: Economic Tasks and Risk-taking Decisions*, Harper & Row, 1964.（上田惇生訳『創造する経営者』ダイヤモンド社）

——, *The Effective Executive*, Harper & Row, 1967.（上田惇生訳『経営者の条件』）

——, *The Age of Discontinuity: Guidelines to Our Changing Society*, Harper & Row, 1969.（上田惇生訳『断絶の時代』ダイヤモンド社）

——, *Management: Tasks, Responsibilities, Practices*, Harper & Row, 1973.（上田惇生訳『マネジメント——課題、責

任、実践』ダイヤモンド社)
——, *Adventures of A Bystander*, Harper & Row, 1978.(上田惇生訳『傍観者の時代』ダイヤモンド社)
——, *The Last of All Possible Worlds: A Novel*, Harper & Row, 1982.
——, *Innovation and Entrepreneurship: Practice and Principles*, Harper & Row, 1985.(上田惇生訳『イノベーションと企業家精神』ダイヤモンド社)
——, *The New Realities: In Government and Politics, In Economics and Business, In Society and World View*, Harper & Row, 1989.(上田惇生訳『新しい現実』ダイヤモンド社)
——, *Managing the Non-Profit Organization: Principles and Practices*, HarperCollins, 1990.(上田惇生訳『非営利組織の経営』ダイヤモンド社)
——, *The Ecological Vision: Reflections on the American Condition*, Transaction, 1993.
——, *Post-Capitalist Society*, HarperCollins, 1993.(上田惇生訳『ポスト資本主義社会』ダイヤモンド社)
——, *Management Challenges for the 21st Century*, HarperCollins, 1999.(上田惇生訳『明日を支配するもの』ダイヤモンド社)
——, *A Functioning Society: Selections from Sixty-Five Years of Writing on Community, Society, and Polity*, Transaction, 2003.
——, *Peter Drucker's Five Most Important Questions: Enduring Wisdom for Today's Leaders*, John Wiley & Sons, 2015.(上田惇生訳『経営者に贈る5つの質問　第2版』ダイヤモンド社)
"Germanicus," *Germany: The Last Four Years: An Independent Examination of the Results of National Socialism*, Eyre and Spottiswoode, 1937.

J・アベグレン／占部都美監訳『日本の経営』ダイヤモンド社、一九五八年
H・アーレント／大島通義・大島かおり・大久保和郎訳『全体主義の起原』全三巻、みすず書房、一九七二―七四年
猪狩誠也「日本の経営ジャーナリズム」『広報研究』第二二号、二〇一八年
壹岐晃才『証言　戦後日本の経営革新』日経新書、一九八一年
池内紀『カール・クラウス』講談社学術文庫、二〇一五年
井坂康志『P・F・ドラッカー　マネジメント思想の源流と展望』文眞堂、二〇一八年
E・H・イーダスハイム／上田惇生訳『P・F・ドラッカー　理想企業を求めて』ダイヤモンド社、二〇〇七年
岩崎夏海『もし高校野球の女子マネージャーがドラッカーの『マネジメント』を読んだら』ダイヤモンド社、二〇〇九年
上田惇生・井坂康志『ドラッカー入門　新版』ダイヤモンド社、二〇一四年
G・オーウェル／小野寺健編訳『オーウェル評論集』岩波文庫、一九八二年
大木毅『独ソ戦』岩波新書、二〇一九年
大澤武男『ユダヤ人ゲットー』講談社現代新書、一九九六年
奥村宏『最新版　法人資本主義の構造』岩波現代文庫、二〇〇五年
小倉欣一・大澤武男『都市フランクフルトの歴史』中公新書、一九九四年
小塩節『トーマス・マンとドイツの時代』中公新書、一九九二年
小野豊明『証言・日本の経営』マネジメント社、一九八〇年
E・H・カー／原彬久訳『危機の二十年』岩波文庫、二〇一一年
加護野忠男『経営はだれのものか』日本経済新聞出版社、二〇一四年
加藤浩子『オペラでわかるヨーロッパ史』平凡社新書、二〇一五年

河合正朝他監修『ドラッカー・コレクション　水墨画名作展』日本経済新聞社、一九八六年
川端康雄『ジョージ・オーウェル』岩波新書、二〇二〇年
河原忠彦『シュテファン・ツヴァイク』中公新書、一九九八年
S・キルケゴール／桝田啓三郎・前田敬作訳『おそれとおののき／反復』白水社、一九六二年
栗本慎一郎『ブダペスト物語』晶文社、一九八二年
K・クラウス／山口裕之・河野英二訳『黒魔術による世界の没落』現代思潮新社、二〇〇八年
P・グラハム編／三戸公・坂井正廣監訳『M・P・フォレット　管理の予言者』文眞堂、一九九九年
S・クレイナー／嶋口充輝監訳『マネジメントの世紀　1901〜2000』東洋経済新報社、二〇〇〇年
J・A・クレイムズ／有賀裕子訳『ドラッカーへの旅』ソフトバンククリエイティブ、二〇〇九年
H・ケルゼン／長尾龍一訳『ハンス・ケルゼン自伝』慈学選書、二〇〇七年
小林宏『ドラッカーの世界』講談社、一九六七年
W・A・コーン／有賀裕子訳『ドラッカー先生の授業』ランダムハウス講談社、二〇〇八年
――／橋本碩也訳『ドラッカー先生のリーダーシップ論』武田ランダムハウスジャパン、二〇一〇年
坂本和一『ドラッカー『現代の経営』が教える「マネジメントの基本指針」』東信堂、二〇一七年
――『ドラッカーの警鐘を超えて[改訂版]』東信堂、二〇二〇年
坂本藤良『経営学入門』光文社、一九五八年
島田恒『新版　日本的経営の再出発』同友館、一九九一年
――『フリーダミズムの時代』同友館、一九九五年
――『非営利組織研究』文眞堂、二〇〇三年
K・E・ショースキー／安井琢磨訳『世紀末ウィーン』岩波書店、一九八三年
A・P・スローンJr.／有賀裕子訳『[新訳]GMとともに』ダイヤモンド社、二〇〇三年

J・J・タラント／風間禎三郎訳『ドラッカー　企業社会を発明した思想家』ダイヤモンド社、一九七七年
千葉眞『アーレントと現代』岩波書店、一九九六年
S・ツヴァイク／片山敏彦訳『人類の星の時間』みすず書房、一九九六年
――／原田義人訳『昨日の世界 I・II』みすず書房、一九九九年
寺島実郎『ふたつの「FORTUNE」』ダイヤモンド社、一九九三年
P・F・ドラッカー／野田一夫監修・日本事務能率協会編『ドラッカー経営哲学』日本事務能率協会、一九五九年
――／R・ワルツマン編／宮本喜一訳『ドラッカーの講義 1943–1989』アチーブメント出版、二〇一〇年
――／R・ワルツマン編／宮本喜一訳『ドラッカーの講義 1991–2003』アチーブメント出版、二〇一〇年
『ドラッカー・コレクション　珠玉の水墨画「マネジメントの父」が愛した日本の美』美術出版社、二〇一五年
中澤豊『哲学者マクルーハン』講談社選書メチエ、二〇一九年
F・A・ハイエク／西山千明訳『隷属への道』春秋社、二〇〇八年
W・バジョット／宇野弘蔵訳『ロンバード街』岩波文庫、一九四一年
――／小松春雄訳『イギリス憲政論』中央公論社、一九七〇年
J・ビーティ／平野誠一訳『マネジメントを発明した男　ドラッカー』ダイヤモンド社、一九九八年
B・ビュフォード／井坂康志訳『ドラッカーと私』NTT出版、二〇一五年
――／井坂康志訳『ハーフタイム』東洋経済新報社、二〇二四年
J・フープス／有賀裕子訳『経営理論　偽りの系譜』東洋経済新報社、二〇〇六年
E・フロム／日高六郎訳『自由からの逃走』創元社、一九五一年
細見和之『フランクフルト学派』中公新書、二〇一四年
K・ポラニー／野口建彦・栖原学訳『[新訳]大転換』東洋経済新報社、二〇〇九年

M・マクルーハン／栗原裕・河本仲聖訳『メディア論』みすず書房、一九八七年
J・A・マチャレロ、K・E・リンクレター／阪井和男他訳『ドラッカー　教養としてのマネジメント』マグロウヒル・エデュケーション、二〇一三年
三浦一郎『ドラッカーの周辺』晃洋書房、二〇一九年
三木國愛「「現代経営研究会」と高木信久」『経営情報学部論集』（中部大学）二〇〇〇年
――「P・F・ドラッカー教授・初来日（1959）の意義」『経営情報学部論集』（中部大学）二〇〇三年
R・ムジール／高橋義孝他訳『特性のない男（1）』新潮社、一九六四年
村山にな「ピーター・ドラッカー――ウィーンにおける総合芸術教育」『玉川大学教師教育リサーチセンター年報』第4号、二〇一三年
――「ウィーン時代のドラッカー――芸術（Art）としての教育」『玉川大学教師教育リサーチセンター年報』第5号、二〇一四年
――他「芸術と経営の広がり――ピーター・ドラッカーと玉川大学の研究と教育」『玉川大学学術研究所紀要』第21号、二〇一五年
藻利重隆『ドラッカー経営学説の研究』森山書店、一九五九年
森村正博「ドラッカーとアメリカ技術史学会」『文明とマネジメント』（ドラッカー学会）二〇二三年
安冨歩『経済学の船出』NTT出版、二〇一〇年
B・ローゼンステイン／上田惇生監訳・井坂康志訳『ドラッカーに学ぶ自分の可能性を最大限に引き出す方法』ダイヤモンド社、二〇一一年

関連文献

J. Barzun, "A Vision for Free Man," *The New Republic*, Oct. 26, 1942.

A. Bennett, "Management Guru," *Wall Street Journal*, July 28, 1987.

G. Bischof, F. Plasser and E. Maltschnig, eds., *Austrian Lives*, Contemporary Austrian Studies, Vol. 21. Innsbruck University Press, 2012.

T. H. Bonaparte and J. E. Flaherty, eds., *Peter Drucker: Contributions to Business Enterprise*, New York University Press, 1970.

J. A. Byrne, "Management's New Gurus," *Business Week*, Aug. 31, 1992.

J. A. Byrne, *The Whiz Kids: The Founding Fathers of American Business—and the Legacy They Left Us*, Bantam Books, 1993.

W. A. Cohen, *Peter Drucker on Consulting: How to Apply Drucker's Principles for Business Success*, LID, 2016.

A. Corbin, "The Impact of Drucker on Marketing," T. H. Bonaparte and J. E. Flaherty, eds., *Peter Drucker: Contributions to Business Enterprise*, New York University Press, 1970.

R. Donkin, "Interview with Peter Drucker," *Financial Times*, June 14, 1996.

J. E. Flaherty, *Peter Drucker: Shaping the Managerial Mind*, Jossey-Bass, 1999.

J. Flower, "Being Effective: A Conversation with Peter Drucker," *Healthcare Forum Journal*, May-June 1991.

G. Gendron, "Flashes of Genius: Interview with Peter Drucker," *Inc.*, May 1996.

E. Hall, "A Conversation with Peter F. Drucker," *Psychology Today*, Dec. 1982.

E. Hall, "Career Moves for Ages 20 to 70: Peter Drucker on Jobs, Life Paths, Maturity … and Freud," *Psychology Today*, November-December 1992, 54–57, 74–79（Originally Published October 1968）.

M. Johnson, "Drucker Speaks His Mind," *Management Review*, Oct. 1995.

A. M. Kantrow, "Why Read Peter Drucker?" *Harvard Business Review*, Jan.-Feb. 1980.

R. Poe, "A Walk and Talk with Peter Drucker," *Across the Board*, Feb. 1983.

T. Richman, "The Entrepreneurial Mystique,"(Interview with Peter Drucker), *Inc.*, Oct. 1985.

A. J. Rutigliano, "An Interview with Peter Drucker: Managing the New," *Management Review*, Jan. 1986.

C. Skrzycki, "The Enduring Peter Drucker," *Washington Post*, May 7, 1989.

K. Spivack, *Unspeakable Things*, Knopf, 2016.

P. Starbuck, *Peter F. Drucker: The Landmarks of His Ideas*, Lulu.com, 2012.

R. Wartzman, *Drucker: A Life in Pictures*, McGraw Hill, 2013.

A. Wooldridge, "Peter Drucker: On L.A. vs. San Francisco, Downsizing and Newt the Entrepreneur," *Los Angeles Times*, Feb. 2, 1997.

あとがき

「人は失った恋人によって詩人となる」とはキルケゴールの言である。それに倣うなら、ドラッカーもまた「失われた時代」によって彼自身になった人である。人間の成長は獲得や僥倖《ぎょうこう》によってのみもたらされるとは限らない。喪失が意志を強め、絶望が憧れを生むこともある。時に失ったものは、獲得したものよりはるかに雄弁である。そう考える時、書く行為は、書かれなかった時からはじまっていたことに思いが至る。

本書では、俗受けする一面を持ちながら、時に古風で、しかも新しい言論人ドラッカーの実像をそこに見出そうとした。

その功績は、何よりポピュラーな形で、一般人にわかる道理を説いたことにある。ドラッカーは二〇世紀の歴史を深刻に、重く否定的に受け止めて、それと真正面から対決しようとしたが、それを明るく誰もが担えるように軽快に表現した。明るい笑いを好み、身軽に居住地を変えながら、そのような生き方を通して、新しい精神を打ち立てようとしていた。

知に序列や権威を付与するのではない。すべての人が学び生かせるものでなければならないと考えた。これはあらゆる人間に開かれた知という発想から出ているものであり、浪費された二〇世紀の反省の上に、新しい人間社会の理想を追求しようとする意志が表れている。少なくともそこにいるのは、「マネジメントの父」ではなかった。

当初考えていたより、刊行までずいぶん長い時間がかかってしまった。一人ひとりのお名前を挙げるのはかなわないが、執筆中には数えきれない多くの方々との対話があった。クレアモント大学院大学、ドラッカー・インスティテュート、日本経営協会、千葉市美術館、ダイヤモンド社から受けた懇切なご支援に加え、佐藤等氏、八木澤智正氏、谷島宣之氏は、草稿に事前に目を通し、適切なコメントをくださった。

最後に岩波書店の押川淳氏との心温まるご縁、そして書きあぐねて行き詰っていた時、常時適切に導いてくださった同社新書編集部・飯田建氏のエディターシップに、心からの感謝を申し上げたい。

二〇二四年一一月一九日

井坂康志

井坂康志

1972年生まれ．早稲田大学政治経済学部卒業．東京大学大学院人文社会系研究科博士課程単位取得退学．博士（商学）
現在—ものつくり大学教養教育センター教授
専攻—経営学，社会情報学
著書—『P・F・ドラッカー——マネジメント思想の源流と展望』（文眞堂），『Drucker for Survival』（日本能率協会マネジメントセンター），『ドラッカー入門 新版』（共著，ダイヤモンド社），『人間と経営——私たちはどこへ向かうのか』（共著，文眞堂）ほか

ピーター・ドラッカー——「マネジメントの父」の実像
岩波新書（新赤版）2045

2024年12月20日　第1刷発行

著　者　井《い》坂《さか》康《やす》志《し》

発行者　坂本政謙

発行所　株式会社 岩波書店
〒101-8002 東京都千代田区一ツ橋 2-5-5
案内 03-5210-4000　営業部 03-5210-4111
https://www.iwanami.co.jp/

新書編集部 03-5210-4054
https://www.iwanami.co.jp/sin/

印刷・理想社　カバー・半七印刷　製本・中永製本

ISBN 978-4-00-432045-6　　Printed in Japan

岩波新書新赤版一〇〇〇点に際して

ひとつの時代が終わったと言われて久しい。だが、その先にいかなる時代を展望するのか、私たちはその輪郭すら描きえていない。二〇世紀から持ち越した課題の多くは、未だ解決の緒を見つけることのできないままであり、二一世紀が新たに招きよせた問題も少なくない。グローバル資本主義の浸透、憎悪の連鎖、暴力の応酬――世界は混沌として深い不安の只中にある。

現代社会においては変化が常態となり、速さと新しさに絶対的な価値が与えられた。消費社会の深化と情報技術の革命は、種々の境界を無くし、人々の生活やコミュニケーションの様式を根底から変容させてきた。ライフスタイルは多様化し、一面では個人の生き方をそれぞれが選びとる時代が始まっている。同時に、新たな格差が生まれ、様々な次元での亀裂や分断が深まっている。社会や歴史に対する意識が揺らぎ、普遍的な理念に対する根本的な懐疑や、現実を変えることへの無力感がひそかに根を張りつつある。そして生きることに誰もが困難を覚える時代が到来している。

しかし、日常生活のそれぞれの場で、自由と民主主義を獲得し実践することを通じて、私たち自身がそうした閉塞を乗り超え、希望の時代の幕開けを告げてゆくことは不可能ではあるまい。そのために、いま求められていること――それは、個と個の間で開かれた対話を積み重ねながら、人間らしく生きることの条件について一人ひとりが粘り強く思考することではないか。その営みの糧となるものが、教養に外ならないと私たちは考える。歴史とは何か、よく生きるとはいかなることか、世界そして人間はどこへ向かうべきなのか――こうした根源的な問いとの格闘が、文化と知の厚みを作り出し、個人と社会を支える基盤としての教養となった。まさにそのような教養への道案内こそ、岩波新書が創刊以来、追求してきたことである。

岩波新書は、日中戦争下の一九三八年一一月に赤版として創刊された。創刊の辞は、道義の精神に則らない日本の行動を憂慮し、批判的精神と良心的行動の欠如を戒めつつ、現代人の現代的教養を刊行の目的とする、と謳っている。以後、青版、黄版、新赤版と装いを改めながら、合計二五〇〇点余りを世に問うてきた。そして、いままた新赤版が一〇〇〇点を迎えたのを機に、人間の理性と良心への信頼を再確認し、それに裏打ちされた文化を培っていく決意を込めて、新しい装丁のもとに再出発したいと思う。一冊一冊から吹き出す新風が一人でも多くの読者の許に届くこと、そして希望ある時代への想像力を豊かにかき立てることを切に願う。

（二〇〇六年四月）